느리지만 단단하게 자라는
식물처럼 삽니다

느리지만 단단하게 자라는
식물처럼 삽니다

How to Grow

식물의 속도에서 배운 16가지 삶의 철학

마커스 브릿지워터 지음
선영화 옮김

더 퀘스트

식물의 속도에서
인생을 배우다

나는 시골에서 자랐다. 형편은 넉넉하지 않았지만 드넓은 자연에서 마음만은 풍요했다. 마을에는 오렌지 과수원과 옥수수밭이 펼쳐져 있었고 꽃이 만발해 풍광이 아름다웠다. 기어오르기 좋은 나무도 많고 탐험할 숲도 무성한데다 따라 걷고 싶은 기찻길도 있었다. 플로리다 젤우드 지역의 작은 마을을 돌보아온 할머니는 내게 사랑을 듬뿍 주었다. 지금은 최고령 주민이 되어 여전히 그곳에 사신다.

네 살이 되던 해, 나는 처음으로 할머니의 정원에서 식물 돌보는 법을 배우기 시작했다. 어린 시절의 기억을 되새기면, 히비스커스나무에 물을 주고 빨간색과 분홍색 꽃잎을 따고 줄기를 입에 물고 놀던 내 모습이 아스라이 떠오른다. 햇볕이 강할 때는 뿌리에 물을 주어야 하고 정원은 언제나 한결같이 관리해야 한다는 점을 이때 배웠다. 꾸준히 관심을 기울이는 것이 식물을 성장시키는 비결이었다. 무엇보다도 성장은 밀어붙이기보다 북돋울 때 이루어진다는 사실을 몸소 체험했다.

이렇게 즐거운 날도 있었지만 가시 돋친 장미 덤불에 찔리는 듯한 아픔도 겪었다. 젤우드 지역은 도시에서 조금씩 침투해 들어온 마약, 폭력, 범죄에 물들어가고 있었다. 나는 발음이 이상하다는 이유로 학교에서 괴롭힘을 당했고, 영재 학급에서 피부색이 다른 유일한 아이여서 곤경을 겪었으며, 머리털이 빠지고 병약한 탓에 비웃음을 샀다. 세월이 흐르고 나서야 이런 어린 시절의 경험을 마음에 새겨 긍정적인 방향으로 전환하려는 노력이 얼마나 중요한지 깨달았다. 식물을 돌보는 경험을 인생에 접목했더니 나도 성장하기 시작한 것이 깨달음의 계기였다.

자연에 있으면 유대감과 소속감, 평온함이 느껴진다. 나는 식물이 주는 기쁨과 경이로움을 만끽하기 위해 야외에서 시간을 보내곤 한다. 하루 종일 텔레비전이나 스마트폰만 들여다 보면 주변을 둘러싼 삶과 단절되기 쉽다. 손으로 흙을 만지면서 시간을 보내면 햇볕의 따스함과 바람의 시원함을 온몸으로 느끼고 산뜻한 공기에 실린 청명함을 누릴 수 있다. 저마다 다른 개성을 지닌 식물을 돌보다 보면 몸의 감각이 깨어나고 몰입감이 높아진다. 만개한 꽃에 붙는 화사한 빛살로 눈이 즐겁고, 신선한 꽃에서 풍겨오는 향기로 정원에서 보내는 모든 순간이 달콤해진다. 바람결에 나뭇잎이 살랑대는 소리와 나무 위에 둥지를 튼 새들의 노랫소리는 우리가 자연에 있을 때 결코 혼자가 아니라는 사실을 일깨워준다. 먹거리도 내 손으로 키워낼 때 더 맛있다. 식물은 계절의 흐름에 맞게 새로운 형태로 변모하며 우리가 끊임없이 변화하는 존재라는 점을 상기시킨다. 우리는 여전히 일하고 배우며 성장하고 있기에 씨앗을 심을 때마다 앞으로 움틀 기쁨을 기대할 수 있다.

나는 한때 제자였던 지인의 제안으로 SNS에 사람과 식물을 이어주는 동영상을 처음으로 게시했다. 그는 사람들이 성장과 건강을 위한 지침에 목말라 있기 때문에 정원을 바라보는 나의 관점과 지혜를 적극적으로 받아들일 거라고 확신했다. 당시 나는 SNS에 까막눈이었지만, 몇 주도 채 지나지 않아 나를 프레드 로저스 Fred Rogers나 밥 로스Bob Ross에 비견하는 수많은 목소리를 접했고 성장을 열망하는 공동체도 발견했다.

여전히 배워야 할 것들이 많지만 내가 전하고 싶은 이야기에 귀를 기울이는 사람이 이토록 많다는 점이 자랑스럽고 한편으로는 겸손해진다. 여러분도 이 책을 통해 마음의 평화를 찾고 몸의 균형을 도모하며 영혼의 조화를 이루길 소망한다. 이 책에서 영감을 받아 식물을 기르거나 정원을 꾸미거나 지금 있는 식물을 새로운 방법으로 돌보게 될지도 모른다. 어떤 방식으로든 자연과 소통하면서 함께 성장해나가자.

새로운 시작

스물일곱 살에 텍사스에 있는 사립 고등학교에서 일하게 되면서, 성인이 된 후 처음으로 정착했다. 몇 달에 한 번씩 집을 떠나 여행하던 숱한 나날을 뒤로 하고, 처음으로 내 집을 장만해 오래도록 정착할 삶의 터전을 마련한 것이다. 새로운 상황에 적응하기 어려웠지만 익숙해지기 위해 최선을 다했다. 비슷한 시기에 친한 친구의 어머니가 묘목 농장의 문을 닫으면서 식물이 많이 남자, 집을 마련한 기념으로 외래식물 열여섯 포기를 선물해주셨다. 개학을 앞둔 어느 날, 플로리다까지 가서 식물을 받아 텍사스에 있는 우리 집으로 가져왔다. 하지만 두 달도 채 지나지 않아 아홉 포기가 죽어버리고 말았다.

나는 남은 식물이라도 살려내기로 마음먹었다. 처음 몇 년간은 어릴 때 할머니의 정원에서 보냈던 기억을 되새겼다. 식물 관리는 성인이 된 내가 아직 해보지 못한 새로운 영역이었지만, 남은 식물을 구하기 위해 가능한 한 모든 방법을 배우기로 결심하고 나는 식물노 사들었나. 동네 화원을 찾아가 시들하게 죽이기는 밋에 가격이 저렴한(단돈 6센트짜리도 있었다) 식물 수백 포기를 사들인 것이다. 종류도, 이름도 내게는 중요하지 않았다. 식물이 성장하도록 돕는 일만이 유일한 내 관심사였다.

나는 식물의 성장을 북돋우면서 식물을 건강하게 키우는 방법을 배웠을 뿐 아니라 사람과 식물이 유사하다는 사실도 발견했다. 식물이 그렇듯 사람도 성장을 하려면 자원이 필요하다. 식물처럼 다양한 발달 단계도 거친다. 성장 과정에서는 환경과 공동체의 영향을 받는다. 최적의 조건이 갖춰지면 잠재력이 극대화된다. 무엇보다도 우리 안에 숨 쉬는 생명이 성장을 열망한다. 정성을 다해 보살피고 애정을 쏟는다면 성장을 일궈낼 수 있다.

사람과 식물의 주요한 차이점은 성장을 이끄는 동력이다. 식물은 본능적으로 성장하려 하지만, 사람은 성장에 집중하기로 '선택'해야 한다. 사람은 주변 환경을 고려하거나 자신이 속한 공동체를 평가할 수 있으며, 마음, 몸, 영혼의 조화를 위해 무엇이 필요한지 헤아려볼 수 있다. 물론 성장에 영향을 주는 요소를 전부 무시해버릴 수도 있다. 식물과 달리 사람은 마음이 산만해지기 쉬운 존재라 성장이 아닌 다른 곳에 눈을 돌리기도 한다. 이렇듯 모든 것이 우리 자신에게 달려 있기 때문에 인간의 선택 의지는 유용한 도구가 될 수 있지만 때로는 해로운 무기로 변질되기도 한다.

식물을 알아갈수록 나 자신을 더 잘 이해할 수 있다는 깨달음은 내게 각성의 순간을 선사했다. 우리는 생명체를 성장시킬 수 없지만 생명이 성장하고 싶은 환경을 일궈나갈 수는 있다. 성장은 밀어붙이기보다 북돋울 때 비로소 시작된다. 모든 식물을 잘 키우기 위해서는 좀 더 세심하게 관심을 기울이고 성장에 영향을 미치는 요소를 고려하며 최적의 조건을 마련해줘야 한다는 사실을 몸소 체험했다.

성장에는 시간이 필요하다

정원에서 시간을 보내다 보니 지나간 과거와 경험, 그동안 깨달은 교훈을 되새기면서 정신없이 흘러가는 삶의 속도에서 벗어날 수 있었다. 내가 지금까지 어떤 난관을 극복해왔는지, 어떻게 어려움에 맞서왔는지 몇 번이고 곱씹었다. "왜 포기하면 안 되죠?" 가족이나 함께 일하는 동료, 학생이 어려움에 직면했을 때 내게 수없이 물어온 질문이다. 삶의 목적을 잃어버린 사람들은 고립되거나 외부와 단절되거나 외로움을 느끼거나 역경 앞에서 위축된 사람들처럼 삶의 동력이 부족하다는 특징이 있다. 나도 인생에서 크나큰 역경을 만날 때면 삶의 목적을 되물으면서 왜 인내해야 하는지 고민했다. 하지만 이제는 성장의 기회가 바로 삶의 목적이라는 믿음을 갖게 되었다. 성장을 추구하며 인생을 살아가면 힘 있는 공동체를 일궈나가면서도 높은 수준의 삶의 질을 달성하고 유지할 수 있다. 반면 성장을 거부하는 인생의 결말은 우울하고 비생산적이며 파괴적이고 결실도 없다. 성장하지 않으면 퇴보한다. 삶에서 멀어지고 죽음에 가까워진다.

성장하겠다는 결심은 지켜내려면 끊임없는 노력이 필요하지만 투자할 만한 가치가 있다. 식물과 마찬가지로 사람도 성장하지 않으면 꽃을 피울 수 없다. 오로지 최적의 조건이 갖춰질 때만 꽃망울을 터뜨릴 수 있다. 일찌감치 포기하고 성장하겠다는 결심을 저버리면 우리 안에 내재한 잠재력이 사그라질 뿐만 아니라 우리의 능력이 어느 정도인지 알아채지 못할 수도 있다. 우리에게 달린 잎이 얼마나 높이 뻗어나갈지, 꽃잎은 또 어떤 색깔로 피어날지, 인생이라는 정원 구석구석에 어떻게 생기를 불어넣을 수 있을지 확인할 길이 없어진다.

식물이 휴면기에 접어들면 연둣빛 새싹을 틔워내는 데 필요한 조건이 갖춰질 때까지 수개월 동안 보살펴야 한다. 사람도 성장하는 속도가 제각기 다르기 때문에 저마다 자신에게 관심을 기울일 필요가 있다. 언젠가 스킨답서스픽투스 화분 두 개를 같은 선반 위에 1미터 정도 간격을 두고 올려놓은 적이 있다. 1년쯤 지나자 화분 하나는 덩굴이 1.5미터도 넘게 자라 바닥에 늘어질 정도였지만, 다른 하나는 겨우 25센티미터밖에 자라지 않았다. 두 화분에 쏟은 애정은 같았지만 의도치 않게 화분 하나를 창문에 더 가까이 둔 결과였다. 예전에 내가 알던 한 학생은 자기 머릿속에 그려놓은 이상적인 모습으로 성장하기 위해 안간힘을 썼다. 나는 성장이란 단계적으로 이루어지는 과정이기 때문에 모든 단계를 거치지 않으면 성장이 완성되지 않는다고 조언했다. 성장에 필요한 과정을 이해한 그는 불과 몇 해 지나지 않아 믿을 수 없을 만큼 멋진 청년으로 성장했다. 성장은 밀어붙이기보다 북돋울 때 비로소 시작되며, 그러려면 어느 정도 시간이 필요하다는 사실을 깨달은 것이다.

땅 밑에서 뿌리가 더 많이 형성되지 않으면 덩굴이 뻗어가지도, 잎이 많아지지도, 줄기가 길어지지도 않는다. 사람도 마찬가지다. 우리라는 존재의 토대를 이루는 마음, 몸, 영혼이 함께 자라나지 않으면 지속적인 성장을 기대할 수 없다. 여러분이 이 책을 통해 함양하기를 바라는 성장의 원리가 바로 이 세 가지 요소다. 몸을 무시하고 마음만 돌본다면 스스로에게 한계를 설정하는 것이나 다름없고 심신의 균형이 무너질 수 있다. 마음건강을 고려하지 않은 채 영혼만을 깨우려 한다면 공동체의 힘을 의식하고 키워나가기 어려워질 것이다. 진정으로 성장하기 위해서는 우리의 삶의 질에 관여하는 모든 요소에 관심을 기울여야 한다.

마음, 몸, 영혼이 건강하면 능력 있고 활기 넘치며 친절하고 인내심 있고 긍정적인 면모를 갖춘 사람으로 거듭날 수 있다. 하지만 이 여정에 선뜻 몸을 싣기가 두려울 수도 있다. 어쩌면 나도 모르는 사이에 스스로의 성장을 방해하고 있을지도 모른다. 눈에 띄는 진전이 없어 좌절하고, 다른 사람과 나를 비교하고, 앞이 보이지 않아 막막함을 느끼다가 결국 자기 자신을 가혹한 시선으로 바라볼 수도 있다. 내 삶의 질의 수준이 어느 정도인지 파악하려면 객관적이고 명확하게 상황을 진단하고자 노력해야 한다.

사람들은 흔히 자신이 곰손이라 식물을 키우기 어렵다고 말하지만 내 생각은 다르다. 이런 사람들은 그저 충분히 연습하지 않았을 가능성이 높다. 곰손이라는 생각으로 자신에게 한계를 긋지 말라. 만약 그동안 '나 같은 사람이 무슨 성장을 할 수 있겠어'라는 생각에 끌려다녔다면 지금이야말로 자신의 잠재력을 되돌아볼 때다. 이 책에서 전달할 이야기를 통해 마음, 몸, 영혼에 대한 자신의 인식과 판단에 의문을 던지고 스스로에게 도전해보자.

나를 성장시켜줄 다섯 가지 도구

정원을 가꾸려면 도구가 필요하듯이 우리의 건강과 성장을 보살피려면 그에 맞는 도구를 갖춰야 한다. 이 책을 읽기에 앞서 다섯 가지 기본 도구를 살펴보자. 정원을 가꾸든 성장을 추구하든 올바른 도구만 있다면 누구나 계획한 일을 시작할 수 있다.

씨앗: 선택과 경험

내 삶에서 무엇을 선택하는지에 따라 경험이 달라진다. '선택과 경험'은 우리의 인생에서 나타나는 '원인과 결과'를 지칭한다. 선택은 경험이라는 식물로 자라나는 씨앗이다. 선택이 필요한 상황이 오면 마치 정원에 씨앗을 심듯이 신중하게 그리고 능동적으로 접근하자.

토양: 공동체와 환경

씨앗을 틔우려면 토양과 환경이 중요하듯 우리가 속한 '공동체와 환경'은 성장에 중요한 영향을 미친다. '공동체'는 누구와 함께 성장하는지, '환경'은 어디에서 성장하는지와 관련이 있다. 번영을 북돋아주는 환경에서 든든한 지원군이 되어줄 공동체를 만나면 자신이 가진 성장 동력을 극대화하고 지속적으로 전진해

나가는 데 도움을 얻을 수 있다.

수분측정기: 관점 대 인식

토양에 씨를 뿌리는 순간 정원 가꾸기가 시작되며, 이제 식물을 주의 깊게 관찰하면서 필요할 때 물을 줘야 한다. 그런데 초보 정원사는 식물에 수분이 충분한지 가늠하기 어려울 수 있다. 이럴 때 수분측정기를 흙 속에 찔러 넣으면 토양이 바짝 말랐는지 혹은 축축한지 알 수 있다. 인생에서 수분측정기 역할을 하는 것은 우리의 '관점 대 인식'이다. '관점'이란 인생에서 축적한 경험을 바탕으로 세상을 바라보는 방식을 뜻한다. 따라서 관점은 우리가 현상을 이해하는 배경으로 작용한다. 반면 '인식'은 자신을 둘러싼 세상과 경험을 어떻게 해석하기로 결정하는지와 관련이 있다. 우리의 관점은 하나지만 인식은 무한하다. 관점이 눈이라면 인식은 내가 선택한 안경 렌즈나 마찬가지인 것이다.

나는 각 식물이 요구하는 수분이 환경, 상태, 위치, 햇빛 노출도에 따라 결정된 고유한 특질이라는 점에서 관점과 일맥상통한다고 생각한다. 그런데 식물에 수분이 부족하다는 징후를 포착하려면 상당한 시간과 노력이 소요된다. 겉으로 봤을 때 메말라 보이는 토양도 수분측정기로 재면 수분 함유량이 높게 나올 수 있다. 어떤 경험에 대한 우리의 인식은 실제와 다를 수 있기 때문에 무언가를 판단할 때는 조심스럽게 접근해야 한다. 또한 특정 식물의 수분 상태만 보고 다른 모든 식물도 그럴 것이라고 단정해서는 안 된다. 식물마다 차이가 있다는 점에 유념하여 수분 상태를 각각 살펴봐야 한다.

삽: 유용한 도구 대 해로운 무기

땅에 구멍을 파서 씨앗을 심을 때 직접 손재주를 발휘할 수도 있겠지만, 공구함에 좋은 삽 한 자루만 있으면 일이 더 쉬워진다. 그러나 아무리 좋은 도구라도 땅을 파낼 때는 세심하게 주의를 기울여야 하는 법이다. 땅을 너무 깊거나 넓게 파면 자칫 다른 식물 뿌리의 성장을 방해할 우려가 있고, 씨앗이 들어갈 구멍을 지나치게 크거나 작게 잡으면 새로운 씨앗이 제대로 성장하지 못할 수 있다.

'유용한 도구 대 해로운 무기'는 어떤 자원이 생산적인지 혹은 파괴적인지 확인하고 가려내기 위해 내가 사용하는 이분법이다. 취미, 습관, 일과, 장치, 관계, 물건에 이르기까지 지구상에 있는 모든 실체는 도구다. 절제와 중용을 지키며 도구를 알맞게 쓸 때 우리 삶의 생산성이 높아진다. 그러나 절제와 중용의 미덕을 잃고 오용하는 순간, 도구는 해악을 끼치는 흉기가 된다.

삽은 새로운 씨앗이 들어갈 구멍을 힘들이지 않고 파낼 수 있는 훌륭한 도구이지만, 다른 식물을 고려하지 않거나 별생각 없이 오용하면 오히려 피해를 입힐 수 있다. 도구를 유용하게 할용할지 아니면 오용해 해악을 끼칠지는 우리의 결정에 달려 있다. 우리는 자신이 선택한 도구와 주어진 자원을 사용한 방법에 책임을 져야 한다.

정원사: 생명과 세계

초기 인류는 사냥꾼과 수렵 채집인으로 시작해 유랑 생활을 통해 땅에서 먹거리를 얻었다. 그러다가 어느 시기에 이르러 한 곳에 터를 잡아 작물을 경작하는 책임을 기꺼이 감내하게 되면서, 식량을 마련하고 몸을 치유하며 즐거움을 향유하려는 움직임이 나타났다. 그렇게 초기 인류는 정원을 가지게 되었다.

정원사는 생명이 담긴 그릇이며 그가 가꾸는 정원은 세계다. 정원의 상태는 정원사가 자기 자신을 어떻게 대하는지 그리고 정원에 얼마나 관심을 기울이며 정성을 쏟는지에 따라 달라진다. 그런데 인간이 공동의 삶의 질이나 우리를 지탱해주는 행성의 상태를 고려하기보다는 시간과 공간을 최대한 활용하는 효율성의 가치를 우선하기로 결정했을 때 중대한 문제가 발생했다. 생명이라는 유용한 도구가 해악을 끼치는 무기로 탈바꿈하면서 '생명과 공존하는 세계'가 '생명과 대립하는 세계'로 변모했다.

생명과 세계는 서로 대립해선 안 된다. 존중하는 마음으로 정원을 보살피면서 성장에는 시간이 소요된다는 사실을 기억하자. 채소에 독성 살충제를 사용하면 안 된다는 것을 알지만 시간을 아껴야 한다는 압박감에 자신과 타협해버리는 순간 채소의 운명은 위태로워진다. 빠르다고 해서 반드시 효율적인 것은 아니다. 급하게 서두르면 문제가 더 많이 생겨 빨리 일을 추진하려던 소망이 무너지기도 한다. 자신의 삶의 질과 아름다운 정원을 지켜내고 싶다면 이 점을 기억하자.

나는 인생의 어떤 정원사가 될 것인가?

세상은 장미 덤불과도 같다. 복잡하게 뒤엉킨 뿌리에서 잎자루와 줄기, 가지가 뻗어나가며 얼기설기 미로처럼 얽히면 우리가 사는 땅 위에 아름다운 장미 덤불이 만들어진다. 덤불 속에는 우리에게 상처를 내거나 성장을 가로막고 방해하는 가시와 방해물이 무수히 많다. 하지만 성숙한 태도와 성장하려는 열망이 있다면 어떤 고통에서도 배움을 얻기로 선택해 힘겨운 일을 감사할 만한 경험으로 전환할 수 있다. 만족스럽지 않은 환경에서 태어나더라도 마찬가지다. 정확한 인원수까지는 알 수 없지만, 내가 유년기를 보낸 젤우드 지역에서 성공한 사람은 별로 없었다. 가시 돋친 장미 덤불처럼 성장을 도모하기에는 혹독한 환경이기에 많은 사람이 벗어나지 못했지만, 나는 그속에서도 나만의 꽃을 피워내고 성장할 수 있었다. 당신도 이런 기회를 누릴 수 있다.

정원을 새로 조성하든 삶의 질을 도모하든 끈끈한 공동체와 건강한 환경 조성을 목표로 하는 엄청난 노력이 필요한 법이라 한동안은 눈에 띄는 진전이 없어 보일지 모른다. 정원 관리가 꼭 그렇다. 때맞춰 물을 줘야 하고 가지를 쳐야 하며 잡초를 뽑고 씨앗을 새로 심어야 한다. 이런 일이 번거롭다고 포기해선 안 된다. 땀 흘릴 만한 가치가 있기 때문이다.

삶의 과정에서 얻은 도움의 손길에도 감사하지만, 내 삶의 질을 우선순위에 올려두고 성장을 도모할 방법을 모색하지 않았다면 지금 이 순간을 맞이하지 못했을 것이다. 정원은 암울한 나날을 보내던 나를 끌어올려 예기치 못한 성장이 기다리는 새로운 10년과 마주하게 해주었다. 정원에서 얻은 지혜를 바탕으로 마음, 몸, 영혼을 위해 내가 어떤 도구를 활용했는지 여러분과 공유하고 싶다. 이 책은 마음에서 시작해 몸 그리고 영혼 순으로 이야기를 풀어나간다. 어린 시절부터 현재에 이르기까지 성장과 삶의 질에 대한 가치관을 형성해준 경험과 정원을 가꾸며 깨달은 교훈을 함께 나누려 한다.

처음 집을 장만했을 때 나는 스킨답서스와 감자 덩굴도 구분하지 못했는데 그동안 참 많이 발전했다. 비록 크리스마스 선인장과 추수감사절 선인장은 아직도 헷갈리지만, 선인장마다 어떻게 보살펴야 더 잘 자라고 꽃을 피울지 배우려는 마음은 여전하다. 식물을 키우면서 실수한 적도 많고 애지중지하던 식물을 떠나보내기도 했고 좌절감도 자주 느꼈다. 이 책에서 건네는 정원과 삶의 이야기를 동기 부여와 깨달음의 토대로 삼아 기쁜 경험과 고된 경험 모두 성장을 추동하는 자원으로 활용해보자.

차례

2부

무너진 몸의 균형에서
삶의 균열이 생긴다 93

3부

결국은 '영혼'이라는 꽃을 피우는
그들의 방법　　167

1부

느리지만 단단하게, '마음'이라는 정원을 가꾸다

"어떻게 그렇게 행복하세요?"

처음 이 질문을 받았을 때 어떻게 대답해야 할지 감이 오지 않았다. 단 한 번도 내가 행복한 사람이라고 생각한 적이 없었기 때문이다. 내가 걸어온 인생길에는 대부분 어둠이 드리워져 있었다. 스스로 행복하다고 생각할 만한 이유가 내게는 없었다.

그러나 이제는 똑같은 질문을 들으면 말할 수 있다. 나는 그 답을 '행복'과 '긍정성'의 차이로 이야기한다. 나에게 행복은 즐거움이나 기쁨의 형태로 잠시 머물다 사라지는 일시적 감정인 반면, 긍정성은 지속적이고 포괄적인 사고방식이다. 긍정성이 행복을 고취할 수는 있지만, 긍정성을 지키기 위해 행복이란 감정에 의존한다면 식물이 죽거나 인생에서 역경을 마주했을 때 오히려 긍정성을 유지하기 힘들어질 수 있다.

"어쩌면 그렇게 긍정적이세요?"

이 질문에는 훨씬 대답하기 쉽다. 긍정적이어야 했기 때문에 긍정적인 사람이 되었다. 문제를 해결하기 위해 누군가에게 의지할 기회가 없었고 마음 놓고 빈둥거릴 시간도 없었다. 포기라는 건 선택지에 없었다. 세상에서 살아남아 내 삶을 발전시키기 위해 도전을 받아들이고 모든 축복에 감사하며 앞으로 나아갈 수 있도록 끊임없이 스스로를 단련해야 했다.

나는 친구 어머니에게 선물 받은 식물 열여섯 포기 중에서 아홉 포기가 죽자, 남은 일곱 포기를 살려내야 하는 도전에 직면했다. 죽은 식물과 살아남은 식물을 내가 어떻게 관리했는지 되돌아보면서 잘못한 일과 잘한 일을 알아내기로 마음먹었다. 지금 생각해보면 내 사고방식이 긍정적이었기 때문에 그런 결심을 하게 된 것 같다. 그냥 포기하고 나머지 식물도 죽게 내버려둘 수도 있었겠지만, 살아남은 식물과 더불어 나도 함께 성장하며 배우고 싶었다. 식물이 건강하게 자랄 수 있는 공간을 어떻게 조성하는지 알아냈을 때, 내가 긍정적 사고방식을 가졌다는 게 얼마나 행운인지 모른다고 생각했다.

긍정성은 어떻게 삶의 무기가 되는가

긍정적 사고방식을 키워나가려면 추진력이 필요하고, 유지하려면 연습이 필요하다. 나는 비탄에 젖거나 부정성에 빠져드는 태도가 무익하다는 사실을 깨닫고 긍정적 사고방식에 눈을 돌렸다. 역경에 굴복하거나 짓눌리지 않기 위해 온 힘을 다해 나아가기로 마음먹었다. 내가 직면한 도전이나 상실, 실패, 방해는 모두 긍정성을 연습할 기회였고, 지금까지도 이 연습을 계속하고 있다. 이렇게 나는 연습을 통해 긍정성을 유지한다. 긍정성을 지켜나가기 위해서는 습관이나 규칙적인 일과를 만들어내듯 훈련하고 헌신하며 인내해야 한다. 지금의 내가 유능하고 자신감 넘치는 강한 사람으로 거듭난 걸 보면 긍정성이라는 목표를 향해 땀을 흘린 일분일초가 헛되지 않았음이 분명하다.

최근에 해로운 긍정성toxic positivity이라는 용어를 알게 됐다. 해로운 긍정성은 문제를 묵살해버리는 태도다. 부정적 상황에 아무런 영향도 받지 않은 척하거나 행복하고 긍정적인 상태를 유지하려고 또는 그런 상태인 척하려고 자신의 감정을 외면해버리는 형태로 나타난다.

집 한편에 걸어둘 화분 하나에 식물 여러 포기를 심느라 몇 시간을 들였다고 상상해보자. 덩굴이 늘어진 스킨답서스픽투스silver satin pothos와 다채로운 빛깔의 브로멜리아드bromeliad, 잎이 무성한 담쟁이덩굴ivy이 흙 속에 포근히 자리 잡은 화분을 지붕 밑에 박은 못에 걸기 위해 사다리를 타고 올라간다. 화분을 매달려던 그 순간, 손에서 화분이 미끄러져 떨어지면서 안에 있던 식물과 흙이 바닥에 우수수 쏟아진다.

만약 이 상황에 해로운 긍정성을 적용한다면 이렇게 말할지도 모른다. "화분을 떨어뜨려서 속상하지만 별문제는 아니야. 모든 일이 허사가 됐을 땐 행복한 생각을 떠올리면 돼. 이렇게 기분 나쁜 걸 보면 차라리 정원 가꾸기에 신경 안 쓰는 게 낫겠어. 그냥 웃어넘기자."

내가 말하려는 긍정성은 이런 게 아니다. 인생에서 앞으로 나아가기 위해서는 문제에 대해 고심하고 부정적 상황에 대처하면서 자신의 감정을 들여다봐야 한다. 이런 과정에서 긍정성은 분명 우리의 삶에 도움을 주는 도구가 될 것이다. 긍정성을 적절한 도구로 사용하면 이렇게 말할 수 있다. "속상하긴 하네. 이 일은 꼭 해내고 싶었는데 말이야. 다음에는 화분을 좀 더 단단히 붙들거나 도와줄 사람을 찾아야겠어. 실망스럽긴 해도 엉망이 된 식물을 여기에 내버려둘 수는 없지. 식물이 죽지 않게 새 집을 마련해줘야겠다. 이 경험을 교훈 삼아 나중에는 꼭 지붕 밑에 예쁜 화분을 걸 거야."

나는 매일 '긍정'을 선택한다

긍정성은 내 마음에 평화를 주는 근원이다. 긍정성 덕분에 나는 평온하고 침착힐 수 있다. 진 세게의 영적 지도지의 함께 연구하고 훈련한 끝에, 나는 마음이 '필요needs' '영감inspiration' '이해understanding'라는 세 가지 요소로 구성된다는 사실을 알아냈다.

'필요'는 피로감이나 배고픔처럼 몸에서 발생해 마음에 영향을 미치는 욕구를 뜻한다. '영감'은 영적 차원의 욕구로서 사람마다 고유한 형태로 나타난다. 영감은 때로 열정을 의미하기도 한다. 누군가는 노래하거나 음식을 만들거나 교육하는 데 매료되는 반면, 글을 쓰거나 무언가를 만들거나 운영하는 데 끌리는 사람도 있다. 영감을 주는 대상과 단절되면 불만감이나 공허함, 절망감, 좌절감, 짜증이 유발될 수 있다. 우리 안에서 일어나는 필요나 영감을 잘 다스리려면 '이해'가 요구된다.

'이해'란 우리가 느끼는 필요나 영감을 인식하는 상태를 말한다. 몸이 어떻게 마음에 영향을 주는지 이해한다면 명료한 사고를 유지하면서 스스로를 통제할 수 있다. 예컨대 배고플 때 느끼는 짜증이 몸에서 자양분을 요구하는 신호임을 알아차리는 것이다. 이렇게 상황을 이해하면 밀려오는 짜증을 겉으로 드러내면서 경솔하게 행동하기보다는 차분히 마음을 진정할 수 있다. 이와 마찬가지로 내면에서 올라오는 영감을 이해하면 활력과 긍정성을 지켜내는 열쇠인 동기를 계속 부여받을 수 있다.

나는 매일 마음속 필요와 영감을 이해하고 긍정의 방향을 '선택'한다. 하루에도 셀 수 없이 자주 의식해서 의도적으로 선택한다. 어떻게 이런 경지에 도달했는지 또는 왜 지금의 모습이 되었는지 질문을 받을 때면 내 사고방식을 개선하기 위해 투자한 시간과 노력에 대해 솔직하게 이야기한다. 하지만 많은 사람이 이런 대답을 묵살한 채 '그렇게 타고났겠지'라고 믿는 쪽을 택한다. 내가 이끌어온 삶의 방향을 가치 있다고 인정하면서 통찰력을 공유해줄 수 있는지 물어보는 사람들도 있다. 그들은 긍정적 사고방식을 계발하고 지켜나가면서도 노력이 필요하다는 사실을 열린 마음으로 받아들일 줄 안다.

성장은 정원 관리와 유사하다. 식물을 성공적으로 키워내려면 성장을 위한 공간을 꾸준하게 조성하고 가꿔나가야 한다. 원예에 탁월한 금손이든 번번이 실패하는 곰손이든 상관없이 누구에게나 적용되는 원칙이다. 정원 관리는 추진력과 지속적 관리가 필요하며, 연습만 하면 누구나 자신만의 아름다운 정원을 창조할 수 있다. 그리고 우리가 심은 씨앗과 성장 중인 뿌리가 한데 어우러진 집합체인 마음을 긍정적 사고방식으로 관리하며 성장해나가는 과정 역시 마찬가지다.

앞이 보이지 않아도 나아가게 하는 힘

사방이 모래뿐인 사막에 있다고 상상해보라. 이곳은 적막하고 따분하다. 당장 위험하지는 않더라도 여기에 머무르면 목숨을 부지하기 어렵다. 타는 듯한 더위 속에서 몇 시간을 걷다 보니 우거진 숲과 울창한 덤불의 장벽이 눈앞에 나타난다. 이곳을 통과하는 길을 내려면 세심한 주의와 계획은 물론 강력한 도구와 체력이 필요하다. 인내심과 끈기도 빼놓을 수 없다. 덤불이 워낙 빽빽해서 조금만 써도 커다란 마체테(벌목도)가 빠르게 무뎌진다. 숫돌에 칼을 갈고, 덤불을 잘라내서 쌓이는 잔해를 옆으로 옮기는 과정을 반복한 끝에 마침내 혼자 힘으로 길을 낸다.

어느덧 숲 안쪽으로 깊숙이 들어왔다. 등 뒤로는 숲을 따라 걸어온 좁다란 길만 남아 있다. 잠깐 숨을 돌리고 싶지만 이곳은 미지의 장소다. 두려움이 밀려오면서 익숙한 사막으로 되돌아가고 싶은 마음이 불쑥 고개를 치커든다. 이 상황에서 벗어나는 가장 손쉬운 방법은 왔던 길로 되돌아가는 것이다. 하지만 덤불이 계속 자라나면서 지금까지 걸어온 길이 점점 좁아지고 있다. 마치 나를 숲속에 가두기라도 할 듯 위협적이다. 처음 출발했던 곳을 향해 덤불을 헤치고 길을 튼다. 아까보다 베어낼 수풀도 적기 때문에 힘도 시간도 훨씬 덜 들고, 이제는 자연환경이 마체테에 어떻게 반응하는지 이해할 수 있다.

숲과 사막이 만나는 장소로 돌아온 후 휴식을 취한다. 이곳은 안전하다. 그러나 숲속에 있는 미지의 세계가 내게 말을 걸어온다. 비록 고된 여정이 기다리더라도 그곳에 나를 위한 무언가가 존재하는 게 분명하다. 이제 길을 찾기 위한 다음 여정을 시작할 때다. 하지만 덤불이 또 내가 터놓은 길을 본래의 모습으로 되돌려놓으려 한다. 그래도 길을 내기가 한결 쉬워진 덕분에 지난번보다 더 멀리 나아갈 수 있다.

지금까지 한 이야기가 바로 새로운 분야로 나아갈 때 일어나는 일이다. 나보다 앞서 해당 분야로의 여정을 시작한 사람이 지혜를 나눠주기도 하지만, 대개는 내 앞에 놓인 도전에 혼자 힘으로 맞서야 하는 것이 인생이다. 미지의 세계로 나아가려면 자기 자신을 단련해야 하고 제대로 된 도구를 갖춰야 하며 에너지도 필요하다. 이 책을 읽는 여러분도 마찬가지다.

우리는 모두 숲속에 길을 내는 사람이다. 어려움에 부딪히더라도 계속 밀고 나아가야 한다. 인간이기에 실수할 수도 있고 때로는 계획이 수포로 돌아가기도 한다. 주변에 달성하려는 목표에 맞지 않는 도구만 있을 때도 있다. 벗어날 수 없는 장벽에 갇힌 느심이라면 이세 도움을 요청할 때인지도 모른다. 그때마다 '긍정'을 선택해보자. 내가 나아가야 할 방향이 보일 것이다.

관찰

주변을 살펴야
내가 보인다

지금 하던 일을 잠시 멈추고 편안히 호흡하면서 마음을 가라 앉혀보라. 어떤 기분이 드는가? 마음을 짓누르는 무언가가 있는 가? 어떤 일로 생각이 어지럽고 집중력이 흩어지는가?

일상에서 틈틈이 자신의 상태를 살피거나 마음을 관찰하면 유익한 점이 많다. 관찰은 정보를 얻기 위해 대상에 관심을 두는 행위로서, 우리는 이런 정보를 활용해 사려 깊고 계획적으로 선택 할 수 있다. 마음에 걸리는 문제가 있으면 나도 모르게 주변 사람 에게 화를 내거나 짜증을 부려 관계를 망치기 마련이다. 무언가에 신경 쓰는 내 모습을 관찰했다면 앞서 이야기한 '이해'를 문제에 적용해 사람들과의 관계에 좋지 않은 영향이 미치지 않도록 대처해보자.

새로운 식물을 들이기 전에 해야 할 일

외부 요인이 마음에 영향을 미칠 때가 있다. 너무 더워서 정신이 산만해진다거나 너무 추워서 잠이 쏟아진다거나 하는 경우가 그렇다. 우리 주위에 존재하는 이런 요인은 삶의 질에 영향을 준다. 그렇기 때문에 지금의 내 모습과 생각, 주변 환경을 더 많이 관찰할수록 다음 선택에 토대가 될 정보를 충분히 확보할 수 있다.

환경에 관심을 둔다는 의미는 놓치기 쉬운 세부 사항을 고려하면서 환경이 제공하는 자원을 파악한다는 뜻이다. 이러한 접근은 사람과 정원 모두에 적용된다. 정원이라는 미래의 녹색 오아시스를 어떤 크기로 조성할 것인가? 꽃, 덩굴, 다육식물을 야외 노지에 심을 것인가 아니면 화분에 심어 방을 한가득 채울 것인가? 새나 곤충, 청설모 같은 생명체가 정원 공간을 함께 사용하는가? 하루 중에도 시간의 흐름에 따라 공간에 변화가 나타나는가? 식물을 오래도록 건강하게 키우고 싶다면 정원을 조성할 공간의 기존 생태계와 햇빛, 기후 조건을 함께 고려해야 한다.

기후를 파악하면 정원을 성공적으로 가꾸는 데 도움이 된다. 꽃이 피는 계절과 시기에 관한 정보를 파악할 수 있기 때문이다. 식물뿐 아니라 사람에게도 기후는 중요하다. 내 친구는 사방이 눈으로 둘러싸인 미네소타에서 자랐다. 텍사스로 이사하기 전까지 그녀는 편안한 마음을 느끼기 힘들다고 말하곤 했다. 정반대의 감정을 느낀 또 다른 친구는 기온이 낮은 콜로라도의 겨울을 누리고 싶어 텍사스를 떠났다. 이렇게 친구들은 자신의 성장을 뒷받침해 주는 환경으로 이사하고 나서야 비로소 마음의 평안을 찾았다.

나는 새로운 식물을 들이기 전에 정원을 관찰하는 방법을 배우면서 중요한 교훈을 얻었다. 습관을 바꾸거나 일과를 조정하고 싶다면 기존의 패턴을 파악할 필요가 있다는 것이다. 자신이 어떤 선택을 하게 된 이유를 알아야 스스로를 긍정적 방향으로 이끌어 갈 방법도 모색할 수 있다. 인간은 각기 다른 계절의 영향을 받는다는 점에서 식물과 비슷하다. 우리의 사고방식과 감정 변화에 영향을 미치는 요인이 무엇인지 알고 있다면 생각을 명료하고 객관적으로 유지하기가 한결 수월해진다.

나는 일곱 살 때 의도치 않게 집 뒤뜰에 커다란 구덩이를 파서 할머니를 곤경에 빠뜨린 경험을 한 후, 관찰 부족이 초래할 수 있는 혼란과 인식의 중요성을 동시에 깨달았다.

관찰하지 않을 때의 위험

사방에 깔린 야자수palm가 바람에 살랑이며 바스락대고, 높은 하늘에서는 새들이 대화하듯 지저귀었다. 내가 한 걸음 옮길 때마다 잔가지가 툭툭 소리를 내며 발길에 차였다. 나는 눈을 지그시 감은 채 주변 어딘가에 숨어 있을지 모를 생명체가 으르렁대거나 쉭쉭거리는 소리에 귀를 기울였다. 홀로 숲속을 거닐며 나를 둘러싼 작은 세상을 세심히 관찰했다.

다섯 살 때 나의 하루는 보통 이런 모습이었다. 나는 시골에서 자라면서 할머니 집 뒤편에 자리한 울창한 숲을 탐험하며 시간을 보냈다. 그러다가 숲을 제집 삼은 보브캣이나 악어, 방울뱀과 맞닥뜨린 적도 있었다. 동물들에게 쫓기는 척하면서 놀다 보니 숲속에 있는 모든 나무와 바위, 연못을 속속들이 파악하는 건 당연한 일이었다. 그때 기억을 떠올려보면 나는 호기심이 왕성했고 배우려는 열정도 끝이 없었다. 그 시절의 모험이 심어준 강렬한 인식 감각을 나는 지금까지 유지하고 있다.

숲으로 들어가는 입구와 할머니 집 사이에는 커다란 화덕과 닭장을 비롯해 감귤나무citrus와 야자수, 우거진 나뭇가지에 매달린 수염틸란드시아Spanish moss, 도톰하게 깔린 우산잔디Bermuda grass가 어우러진 뒤뜰이 있었다. 나는 일곱 살 때 사촌과 함께 놀다가 뒤뜰 한가운데에서 모래성처럼 생긴 물체 두 개를 발견했다. 수상쩍은 흙더미에 다가가 살펴보니 그냥 단순한 모래성이 아니었다. 거대한 개미 무더기였다! 주변에는 개미가 잔뜩 떼를 지어 기어다니고 있었다.

우리는 뜰 한복판에 개미 왕국이 있다는 사실에 매료되어 곤충 연구를 시도했다. 마치 과학자가 된 듯이 번갈아 돋보기로 흙더미를 자세히 들여다봤다. 조사용 개미를 채집하려고 개미 떼에서 몇 마리를 골라내 양동이에 집어넣기도 했다. 채집을 하다 보니 개미가 마당 곳곳을 가로지른 흔적을 남기면서 일관된 패턴으로 움직이는 모습이 눈에 띄었다. 우리는 개미 채집을 잠시 중단하고 개미가 남긴 자취를 몇 시간 동안 더듬어갔다.

개미의 이동 경로는 언제나 처음 출발한 흙무더기로 되돌아오는 특징을 보였다. 개미의 자취를 모두 연구했으니 다음 단계는 개미가 모래 피라미드 안에서 어떻게 살아가는지 탐구할 차례였다. 흙더미에 손부터 밀어 넣었다. 멍청한 짓이었다. 우리는 작은 바늘로 손을 쿡쿡 찔러대는 듯한 통증을 느끼면서 삽을 집어 들고 쉴 새 없이 모래를 퍼냈다. 개미집은 땅속을 향해 나선형으로 파고들어가는 복잡한 터널 구조의 형태였다. 땅속 연구를 계속하려면 흙더미를 끊임없이 파내는 수밖에 없었다. 우리는 손에 삽을 쥔 채 작업을 이어갔다.

며칠에 걸쳐 부지런히 흙을 퍼냈다. 아무리 퍼내도 터널의 끝은 보이지 않았다! 무릎 깊이까지 구덩이를 파고서야 우리는 작업을 멈췄다. 드디어 굉장히 크고 깊은 터널 입구가 보였다. 성취감에 너무도 황홀한 나머지 계속 연구하고 싶어 좀이 쑤실 지경이었다. 더 자세히 조사하기 위해 개미를 채집하면서 흙무더기를 퍼냈고, 마침내 개미 알로 가득 찬 지하방까지 발견했다. 탐험을 통해 이토록 많이 배울 수 있다는 사실이 실감나지 않았다. 어른이 되고 보니 개미를 이런 식으로 연구하는 건 좋은 방법이 아니라는 생각이 든다. 하지만 아이의 시선에서는 이런 매력적인 배움의 기회를 외면하기 어려웠으리라.

어느 날 학교에서 돌아와 보니 이웃집 아저씨 두 명이 우리가 파놓은 구덩이를 메우고 있었다. 우리는 충격에 휩싸였다. 몇 날 며칠 고생한 노력이 허사가 되다니! 아저씨에게 달려가 무슨 일이냐고 물었다. 아저씨는 할머니가 빨래를 널기 위해 빨랫줄이 있는 쪽으로 걸어가다가 구덩이에 빠졌다고 말했다. 그 이야기를 듣는 순간 나는 가슴이 철렁 내려앉았다. 할머니는 당혹감과 걱정에 휩싸여 도움을 요청했고, 다행히 근처에 있던 이웃집 아저씨들이 할머니의 비명 소리를 듣고 달려왔다고 했다.

숲에서 모험을 하거나 개미를 탐구한 경험은 내가 인식 감각을 키워나가는 데 도움이 됐다. 숲에서는 나의 안전을 지키기 위해 지금 있는 곳이 어디인지, 주변에 무엇이 있는지 인식하는 법을 배웠다. 또한 개미집을 탐구하면서 예전에는 별로 관심도 없었던 이 조그마한 생명체가 얼마나 복잡한 세계를 이루며 사는지 알 수 있었다. 관찰을 통해 얻은 결과는 어린 시절의 내겐 마치 마법처럼 흥미로웠다. 무엇보다 할머니의 뒤뜰 사건을 통해서는 관찰이 부족하면 심각한 문제가 생길 수 있다는 사실을 깨달았다. 나는 내 행동이 초래할 잠재적 결과를 인식하지 못했다. 만약 할머니가 구덩이의 존재를 알았다면 무심코 발을 헛디딜 일은 없었을 것이다. 할머니를 곤경에 빠뜨릴 의도는 없었지만, 만약 그렇게 될 가능성을 인식했다면 개미집을 탐구하고 있다고 할머니에게 미리 알리거나 애초에 땅을 파지 않았을 것이다.

구덩이를 파고 난 뒤 할머니의 뒤뜰은 더 이상 예전의 모습이 아니었다. 우리의 미숙한 행동 탓에 한때 잔디가 자랐던 땅에는 모래밭만 덩그러니 남았다. 이렇게 되리라고는 전혀 예상하지 못했다. 그 후 몇 년 동안 개미들은 그들의 왕국이 회생 불가능할 정도로 파괴되었다는 걸 보여주려는 듯 할머니의 뒤뜰에서 사라져버렸다. 사촌과 내가 벌인 개미 실험이 생태계 전체에 타격을 준 것이다.

감정을 관찰하고 선택을 관리하라

관찰은 도구다. 자신의 필요와 영감을 인식하고 이해를 도모하는 데 사용하기 적절한 도구다. 나는 주위 사람들과 내 자신을 관찰한 결과를 바탕으로 환경이나 역경, 기분에 관계없이 생산적인 선택을 하도록 돕는 이분법인 '능동 대 반응'을 고안했다. 사람은 능동적이거나 반응적이다. 능동적일 때는 우리가 느끼는 감정과 상관없이 가장 생산적인 결과를 낼 수 있는 선택을 한다. 반면 반응적일 때는 상황이 유발하는 감정에 이끌려 선택한다.

감정은 잘 다스리지 않으면 해로운 무기가 된다. 아직 뚜렷한 주관이 서지 않은 어린 시절에 나는 상습적 괴롭힘에 시달렸다. 우리 마을에는 어디서든 또는 누구에게든 반항심을 쏟아내고 싶어 몸이 근질근질한 아이들이 그득했고, 나는 그런 아이들의 먹잇감이 되곤 했다. 절망감이 밀려왔지만 그들이 내가 반응하길 원한다는 걸 알고 있었다. 상대가 원하는 대로 하면 폭력의 악순환이 계속될 게 분명했다. 그런 경우를 수도 없이 겪었다. 화가 치밀어 올라 복수하고 싶은 마음이 턱 끝까지 차오른 적도 있었다. 하지만 감정에 휩쓸려 반응하지 않도록 마음을 다스렸다. 나는 공격자의 면전에 대고 미소 짓는 쪽을 선택했다. 상대는 당혹스러워하기 마련이었고 상황은 그대로 흐지부지되었다.

마음속에 일어난 분노와 슬픔의 감정을 내가 인식했다는 점이 중요했다. 이런 감정을 통해 내가 무슨 일을 겪고 있는지 이해할 수 있었기 때문이다. 그 결과 내가 그들의 행동을 통제할 수 없다는 사실도 받아들일 수 있었다. 하지만 상대의 행동에 휘둘릴 필요는 없었다. 만약 내면에 일어나는 감정이 내 선택을 좌우하도록 내버려두었다면 위태롭고 피 튀기는 난투극이 벌어졌을지도 모를 일이다.

우리는 관찰을 통해 자신의 모습과 생각, 행동을 통제하는 능력을 함양할 수 있다. 성장하는 데에도 이런 능력은 필수다. 난관에 대처하는 법을 의식적으로 선택하지 않는다면 반응적으로 행동하는 것이나 다름없다. 인생을 주도하려면 능동적 인식이 필요하고 능동적 인식은 관찰 없이는 불가능하다.

자신의 모습과 감정을 관찰하면 우리에게 어떤 취미나 습관, 일과가 있는지 인식할 수 있다. 취미는 영감을 얻고자 하는 활동이며, 습관은 쉽게 포기하기 어려운 고정된 행동 양식을 뜻한다. 일과는 필요를 관리하기 위해 만든 절차와 방법을 일컫는다. 우리의 취미, 습관, 일과는 성장에 기여하는가 아니면 성장을 저해하는가? 무엇을 포기하고 무엇을 시작해야 하는가? 생산적인 변화를 이끌어내기 위해 자기 자신을 관찰해보자.

준비

인생을 위한 준비는
계속되어야 한다

개인의 성장은 마음, 몸, 영혼의 발전으로 향하는 여행과도 같다. 이 여정의 첫걸음은 마음상태를 살피는 관찰에서 시작된다. 자기 자신을 세심히 들여다보면 단점과 장점뿐 아니라 내 마음이 어디로 향하는지도 알 수 있다. 원하는 공간을 만드는 데 필요한 정보도 관찰을 통해 수집할 수 있다. 이렇게 모은 정보가 준비 단계를 거치면 의사결정에 활용할 강력한 기반이 된다.

준비란 목표를 달성하기 위해 계획을 수립하는 행위를 뜻한다. 나는 사람들에게 목표를 향해 뛰기 전에 계획을 세우라고 강조한다. 그래야 목표에 몰입할 뿐 아니라 집중을 방해하는 요소에 에너지를 낭비하는 일이 줄어들기 때문이다. 새로운 성장을 촉진하는 준비에는 두 가지 핵심 단계가 있다. 첫 번째 단계는 '공간 솎아내기', 두 번째 단계는 '공간 준비하기'다.

'마음 솎아내기'의 기술

잠초는 생태계에서 중요한 존재지만 정원을 점령해버릴 수 있는 불청객이기도 하다. 다른 식물처럼 잠초도 생존하려면 영양분이 필요하다. 그런데 토양에 존재하는 영양분은 제한되어 있기 때문에 잠초 뿌리가 토양에서 양분을 흡수하면 우리가 키우는 식물이 공급받는 자양분은 그만큼 적어진다. 부정적 생각은 잠초를 빼닮았다. 무섭도록 빠르게 증식해 마음을 갉아먹는다. 부정적 생각에 에너지를 소모하면 긍정적이고 생산적인 생각에 쓸 수 있는 에너지가 그만큼 줄어든다. 정원에 심은 씨앗의 잠재력을 극대화하려면 성장을 방해하는 불청객을 솎아낼 필요가 있다.

집중해야 할 대상에 몰입하기 위해서도 잠초는 반드시 제거해야 한다. 우리는 성장을 준비할 때 욕구wants와 필요needs를 구분해야 한다. 필요는 안정적이며 일관성을 띠는 반면, 욕구는 통제 불가능할 정도로 늘어날 수 있다. 욕구는 생존이나 발전에 필수적이지 않은 상품과 서비스 등 외적 요소를 갈망하는 마음이다. 필요를 우선순위에 두지 않고 외적 요소에만 몰두한다면 귀중한 자원과 에너지를 잃을 수 있다. 욕망을 좇으며 필요를 외면할수록 내면에서 올라오는 필요는 눈덩이처럼 불어난다.

잡초가 토양에 뿌리내리지 못하도록 뽑아낸 후에는 재기의 기회를 노리며 숨어 있는 잡초 뿌리를 캐내야 한다. 정원 식물의 성장을 방해하는 잔해나 부식물도 제거 대상이다. 나는 이 과정을 '공간 솎아내기'라고 부른다. 정원을 솎아 새로운 식물이 자라날 공간을 만들듯이, 마음도 솎아내어 스스로에게 영감을 줄 존재가 자라날 자리를 마련해야 한다. 집중을 방해하고 에너지를 갉아먹는 습관이나 취미, 일과에 갇혀 있다면 영감을 얻기 힘들다.

성장의 대상이 나 자신이라면 성장의 성패를 가르는 요소인 균형, 절제, 실행력, 집중력을 갖추는 데 주력할 필요가 있다. 내가 초등학교 때 참여했던 학급 프로젝트는 이를 위한 준비의 중요성을 깨닫는 결정적 계기였다.

애벌레를 풀어놓기 위해 필요한 준비

초등학교 5학년 때 만난 담임 선생은 그해에 처음으로 우리 학교에 부임했다. 선생은 여러 세대에 걸쳐 마을 사람들을 교육해

온 기존 선생들과 확연히 달랐다. 신선하고 흥미로운 학습 활동을 도입해 학교 공동체의 새로운 전통을 확립했다. 그중에서 나는 애벌레와 변태를 거쳐 새로 거듭날 나비를 위해 정원을 조성하는 '나비 정원 프로젝트'를 가장 좋아했다.

우리 손으로 나비 정원을 만든다는 이야기에 아이들은 한껏 들떴지만 선생은 진지한 노력과 고된 노동이 필요한 작업이라며 주의를 주었다. 우리는 교실 주변에 정원으로 조성할 공간을 살펴보려고 밖으로 나갔다. 시골 숲속에 자리 잡은 학교는 나무로 빙 둘러싸여 있었고 사방에는 야생 동물이 가득했다. 학생보다 도마뱀, 메뚜기, 잠자리가 더 흔할 정도였다. 학생 수가 급격히 늘어나 작은 건물로는 감당하기 어려워지자 학교에서는 이동식 교실을 추가로 설치했다. 우리 학급은 이곳에 자리했기 때문에 교실 밖으로 한 발자국만 나가면 대자연에 발을 내딛는 것이나 다름없었다.

선생은 본관으로 가는 통로와 이동식 교실 사이에 있는 한 평 남짓한 공간을 보여주며 이곳이 바로 나비 정원을 위한 공간이라고 일러주었다. 풀밭에 작은 돌멩이가 깔려 있고 큰 돌이 드문드문 놓인 자그마한 땅이었다. 그때 이런 생각을 했던 게 기억난다. '이렇게 따분하고 평범한 땅을 어떻게 하면 생동감 넘치는 나비 정원으로 바꿀 수 있을까?'

우리는 몇 주 동안 쉬는 시간을 할애해 정원을 준비했다. 마음껏 놀지 못한다며 입을 내미는 학생도 있었지만, 나는 빨리 시작하기만을 고대했다. 쉬는 시간에 선생은 학생 여러 명을 뽑아 각자 갈퀴질을 하고 돌을 옮기고 풀과 쓸데없는 잔해를 파내도록 했다. 프로젝트에 쓰려고 주문한 물품도 학교에 속속 도착했다. 그중에는 애벌레 유충도 있었다!

학생들은 자기 이름으로 장식한 돌로 정원 안에 저마다 흔적을 남기기로 했다. 이쯤 되자 우리 반 아이들은 모두 나비 정원 프로젝트에 푹 빠져들었다. 우리는 세부적으로 공간을 계획했다. 서로 다른 종류의 식물을 어디에 심을지 표시하고, 알록달록하게 색칠한 돌은 어디에 장식하면 좋을지도 결정했다. 그런 다음 교대로 식물을 심었다. 정원을 조성하려면 창조성과 손재주, 협동이 필요했다. 우리는 쉬는 시간을 포기했지만 서로를 알아가는 재미와 노력의 결실을 매일매일 거두며 그 과정을 더욱 즐겼다. 우리는 날마다 일궈내는 성취에 뿌듯해하며 신나게 학교를 나서곤 했다.

몇 주가 지나자 모든 식물이 정원에 자리를 잡았고 자기 이름을 새긴 돌도 제 위치를 찾았다. 드디어 애벌레를 풀어놓을 때가 된 것이다! 우리는 애벌레가 잎을 야금야금 갉아먹으며 몸집을 불리고 부드러운 실을 뽑아 번데기가 되는 과정을 관찰했다. 변화의 과정을 놓치지 않기 위해 하루도 빠짐없이 정원을 드나들었다. 영원처럼 느껴진 기다림 끝에 그토록 고대하던 나비가 드디어 모습을 드러냈다. 성체가 번데기를 찢고 나오는 모습을 하루 종일 지켜봤다.

1년 후 학교를 방문했을 때 여전히 나비가 정원에 사는 모습을 발견하고 얼마나 기뻤는지 모른다. 나비는 우리가 일군 공간에 알을 낳았고 생명의 순환은 계속되었다.

이 경험을 통해 신중히 생각하고 계획하면서 공간을 단계적으로 준비하는 과정이 얼마나 중요한지 몸소 깨달았다. 정원을 일구는 동안 나와 우리 반 친구들은 나비를 보고 싶은 열망에 들떠 있었다. 하지만 인내의 시간이 필요했다. 애벌레는 적합한 환경을 만났을 때 비로소 번데기가 되며, 나비로 변화하는 과정은 서두른다고 빨라지지 않기 때문이다.

담임 선생이 전해준 이야기에 따르면 나비 정원 프로젝트를 시도했지만 성공하지 못한 학교도 있었다. 선생은 우리가 세심하게 차근차근 정원을 준비했기 때문에 애벌레가 나비로 성장할 수 있었다고 말했다. 나는 결과만 좇고 과정을 무시한다면 목표를 달성하지 못할 위험을 감수해야 한다는 교훈을 얻었다. 원하는 변화를 이끌어내기 위해서는 인내와 헌신이 필요하다. 특히 나비 정원 프로젝트를 성공으로 이끈 요인은 바로 준비 과정이었다. 우리는 애벌레를 나비가 되게 할 수는 없었지만, 애벌레가 변화하고픈 환경을 만들어냈다.

이러한 경험을 인생에 비춰보선내 부성적 습판과 일과를 에 결하는 것 역시 관찰을 통해 얻은 인식을 기반으로 충분히 준비한 다면 얼마든지 가능하다. 이는 토양에 어떤 씨앗을 심을지 선택하는 과정과도 같다. 모든 씨앗은 정원 생태계에 영향을 미치기 때문에 심기로 결심했다면 신중하면서도 방법론적으로 접근해야 한다. 서로 다른 씨앗이 조화롭게 번성할 수 있는 환경을 조성해야 하는 것이다. 서로 도움을 주는 공영식물companion plant로 알려진 라벤더lavender와 장미rose를 예로 들어보자. 장미는 식물에 해를 끼치는 진딧물을 유인하고 라벤더는 진딧물을 잡아먹는 무당벌레를 끌어들인다. 장미와 라벤더를 함께 심으면 두 식물이 서로를 보호해준다는 뜻이다.

만약 현재의 취미, 습관, 일과가 어울리지 못한 채로 삶의 질을 저해한다면 과감히 솎아버리자. 모르는 척 외면한다고 문제가 사라지지는 않는다. 오히려 더 크게 부풀어올라 처음보다 해결하는 데 시간과 에너지가 더 많이 소모될 뿐이다. 우리의 취미, 습관, 일과는 삶을 전진시키는 원동력이 되어야 한다. 장미와 라벤더처럼 내 삶의 질을 개선할 수 있는 취미, 습관, 일과가 들어올 공간을 마련하자.

예기치 못한 문제에도 흔들리지 않도록

풋내기 정원사였던 시절, 한 친구가 흔히 야생 피튜니아wild petunia로 알려진 루엘리아ruellia 줄기를 스무 가닥이나 준 적이 있다. 나는 친구의 통 큰 선물에 감격해 집 뒤뜰과 현관 앞쪽에 줄기를 여러 가닥 심었다. 그때는 이 침입종이 기하급수적으로 늘어나 정원을 장악할지 미처 알지 못했다. 선물이 골칫거리로 전락하자 나는 식물의 뿌리를 제거하면 문제가 해결된다고 생각해 루엘리아 줄기 수백 가닥을 정원에서 뽑아냈다. 불행히도 뿌리는 내가 예상한 범위보다 더 깊고 넓게 퍼져 있었다. 땅속 깊숙이 박힌 뿌리는 처음 루엘리아를 심은 곳에서 수 미터 떨어진 지점까지 새로운 줄기를 끊임없이 밀어 올리고 있었다. 당시에는 이렇게 공격적인 침입종에 대비할 만한 공간을 준비해놓지 않은 상태였다. 야생 피튜니아를 정원에서 완전히 몰아내려면 처음 식물을 심었을 때보다 무려 네 배는 더 깊고 다섯 배는 더 넓게 땅을 파내야 했다. 결과적으로 내게는 셀 수 없이 많은 루엘리아와 고된 노동만 남은 경험이었다.

나는 이 경험에서 적절한 준비가 뒷받침되지 않으면 식물이 성장을 지속하기 어렵다는 교훈을 얻었다. 우리는 예기치 않은 문제를 만나면 제때 적응하지 못한다. 필요한 자원과 도구가 준비되지 않은 상황이라면 더욱 그렇다. 루엘리아를 집에 가져오기 전에 조사부터 했더라면 식물의 침입성을 알아냈을 테고, 그랬다면 덜컥 심기 전에 미리 준비했을 것이다. 그렇게 마구잡이로 퍼지기 전에 좀 더 빨리 뽑아냈을 수도 있다. 하지만 현실은 루엘리아가 예상치 못한 곳에서 자라는 바람에 다른 정원 관리 목표는 모조리 내려놓은 채 문제 해결에 골몰해야 했다.

빈틈없이 신중하게 준비하면 목표를 향해 한 발짝 크게 전진할 수 있다. 준비는 새로운 환경을 만드는 과정의 첫걸음이지만 지속적으로 전진하길 원한다면 준비를 멈춰서는 안 된다. 나는 계절마다 집을 다르게 관리한다. 서리가 내리면 배관을 헝겊으로 둘둘 감아 골치 아픈 동파 사고에 대비한다. 봄 내음이 코끝을 간질일 때면 꽃가루의 계절에도 집안에서 편히 숨 쉴 수 있도록 공기청정기를 꺼내둔다. 제대로 된 준비는 우리가 집중을 유지하고 성장을 지속하도록 도와준다.

사람의 마음에도
콩 심은 데 콩 난다

지금까지 우리는 정원을 관찰했고 토양을 일구었다. 자신을 들여다보고 긍정성을 심을 수 있게 마음을 가다듬었다는 뜻이다. 이제 긍정성을 북돋아줄 취미, 습관, 일과라는 씨앗을 심는 마지막 단계가 남아 있다.

생명을 틔우려면 세심한 주의가 필요하다. 해바라기 한 송이에 1,000개 이상의 씨앗이 맺혀도 막상 꽃으로 성장하는 씨앗은 얼마 안 된다. 싹이 트려면 적절한 생육 환경이 조성되어야 하는데, 아무리 공부하고 준비해도 싹이 나지 않는다면 초보 정원사 입장에서는 난감한 일이다. 새로운 취미, 습관, 일과를 형성하는 데도 같은 상황이 발생할 수 있다. 기존에 해왔던 일들이 에너지와 시간을 모조리 잡아먹고 있으면 막상 새로운 취미와 습관, 일 과를 어떻게 유지해야 할지 갈피를 잡기 어려울지도 모른다.

새로운 씨앗을 심고 성장을 북돋울 수 있도록 시간을 충분히 들여 토양을 솎아내라. 사고방식과 행동 양식을 새로 정립하는 과 정은 까다롭기 때문에 처음에는 성공하지 못할 수 있다. 그렇다면 준비 단계로 되돌아가자. 실패했다고 손을 놓아버리면 성공의 길 은 요원해진다.

우리가 긍정적 생각으로 역경을 있는 그대로 받아들이며 배 움을 얻으려 할 때 고난의 경험은 '교훈'이 된다. 반면 난관 앞에 서 나아가길 포기하고 부정적 생각으로 일관한다면 그 경험은 '걸 림돌'로 변모한다. 나는 발전을 방해하고 어떤 가르침도 주지 못 하는 걸림돌은 피하고, 미래에 더 현명한 선택을 하는 데 활용할 교훈을 찾아내려 애쓴다. 경험을 판단할 때 이 이분법을 이용하면 우리의 발목을 잡는 걸림돌을 만들어내지 않고 발전을 이루는 데 도움이 되는 교훈을 얻을 수 있다.

씨앗을 심을 때는 신중하게

씨앗은 우리 자신을 넘어 공동체에도 영향을 미치기 때문에 신중하게 선택해야 한다. 취미, 습관, 일과에는 타인과 소통하는 방식이나 세상에 기여하는 방법이 포함된다. 사랑, 친절, 인내심, 긍정성의 씨앗을 함께 심으면 한층 강인한 사람으로 성장하면서도 공동체에 건강하게 뿌리내릴 수 있다. 이렇게 자리 잡은 뿌리는 성공의 열매를 맺는 튼튼하고 견실한 나무로 성장하게 된다.

활기찬 몸짓과 친절한 말로 사랑의 씨앗을 심으면 성공이라는 열매를 더 많이 맛볼 수 있다. 나는 사랑이 담긴 씨앗을 심기 위해 사람들과 의미 있는 대화를 나누고 배려를 아끼지 않으며 주위 사람들이 최고가 될 수 있도록 북돋아준다. 절제력을 기르고 타인을 존중하며 배려하는 마음을 가지려고 노력했더니 나날이 지혜가 생기고 모든 행동에 자신감이 넘치며 창조성이 풍부해졌다. 심지어 실패에서도 성공을 찾아내니 성장할 기회가 풍성해졌다. 그래서 나는 실패의 경험이 무언가를 배울 기회라고 믿는다.

이와 반대로 독성이 강하고 파괴적인 뿌리로 자라나는 부정성의 씨앗은 뿌리기도 무척 쉽다. 부정성을 품은 씨앗은 우리가 가진 편견이나 고정관념, 상대를 과소평가하거나 좌절시키는 말을 포함한다. 일단 심으면 머릿속에서 잡초처럼 자라나 우리의 아름다움을 빼앗고 우리를 주변 세계와 소통하지 못하게 단절시킨다.

부정성의 씨앗에서 자라난 공동체는 응집력이 없어 구성원들이 유대감을 느끼지 못한다. 의사소통에 문제가 생기면서 서로 더욱 멀어진다. 장애물에 직면할 때 이해와 존중, 원활한 의사소통이 뒷받침되지 않으면 찍내김과 의견 충돌이 생기는 건 불 보듯 뻔한 일이다. 그러다가 서로를 공격하거나 심지어 폭력을 가하는 사태로 치닫기도 한다. 우리가 심은 씨앗은 공동체와 환경에 영향을 주기에 내가 무엇을 심고 있는지 늘 의식해야 한다.

통제 불가능한 일의 씨앗은 결국 내가 심은 것

어린 시절에 돌멩이나 딸기, 도토리를 여러 과녁에 던져 목표 지점을 맞히는 놀이를 좋아했다. 나무부터 울타리 기둥, 떨어지는 나뭇잎까지 무엇이든 가리지 않고 과녁으로 삼았다. 어린아이들은 항상 눈을 밝히고 놀 거리를 찾아 헤매지 않는가. 나는 사촌과 함께 과녁 놀이를 하기 좋은 곳을 찾아 온 동네를 들쑤시고 다녔다. 어느 날 우리는 할머니 댁에서 조금 떨어진 공터에 양동이를 늘어놓고 돌멩이와 도토리를 던져 넣으며 오후 시간을 보내기로 했다. 그런데 내가 던지려던 도토리에서 수상쩍은 무언가를 발견하면서 우리의 관심은 완전히 다른 쪽으로 쏠렸다.

도토리의 한가운데 갈라진 틈 사이로 주황빛을 띤 조각 하나가 빼꼼히 드러났다. 사촌을 불러 같이 들여다보고 교대로 도토리에 손가락을 쑤셔 넣어 미지의 주황색 조각을 끄집어냈다. 알맹이였다! 도토리가 또 다른 존재를 감싸는 껍데기일 거라고는 생각지도 못했다. 알맹이를 빼낼 수 있다는 사실을 알게 되면서 오후 시간 내내 도토리에서 알맹이를 꺼내 양동이에 던져 넣었다.

사촌과 나는 같은 장소에서 이틀 연속으로 노는 법이 거의 없었다. 싫증이 나지 않도록 여러 곳을 돌아다니며 놀았기 때문이다. 한 달 정도 지난 후, 공터에서 다시 과녁 놀이를 하려고 양동이를 가지러 갔다. 도토리를 뜯어내던 날에 썼던 양동이를 들여다본 순간, 알맹이에서 무언가 자라고 있다는 사실을 발견했다. 조그마한 잎사귀였다!

믿기지 않았다. 도토리가 살아 있다는 생각은 해본 적도 없었다. 도토리가 떨어진 나무를 올려다보자니 그제야 한 가지 생각이 머릿속을 스쳤다. '도토리가 씨앗을 품고 있었구나.' 우리는 과녁 놀이를 접어둔 채 움트기 시작한 알맹이가 또 있는지 찾아 나섰다. 호기심 많은 아이에게만 나타나는 예리한 눈썰미와 투지가 필요한 일이었다. 도토리를 수백 개나 들여다봤지만 새로운 생명을 틔운 알맹이는 얼마 되지 않았다.

나무에서 떨어진 도토리를 늘어놓고 사촌과 함께 살펴볼 때 청설모 한 마리가 다가왔다. 그런데 구석에 쌓아놓은 도토리 무더기에서 하나를 집어 들더니 할머니 집 모퉁이 쪽으로 가져가 야금야금 베어 문 후 구덩이를 파서 땅에 묻는 게 아닌가. 심장이 쿵 내려앉았다! 청설모가 나무를 심는 거면 어쩌지? 싹이 튼 도토리였을까? 난데없이 나무가 새로 자라면 곤란해질 수도 있잖아! 나는 사촌과 함께 도토리 무더기에 달려들어 냅다 부숴버렸다. 우리는 황폐한 공터에 뜬금없이 나무가 자라 할머니에게 혼이 날까 봐 겁에 질렸다.

지금은 청설모가 그저 나중에 먹을 양식으로 도토리를 숨겼다는 걸 알지만, 당시에는 의도적으로 나무를 키워내려고 씨앗을 심는 거라 생각했다. 청설모는 도토리를 요리조리 살펴보면서 쿵쿵 냄새를 맡고 두드려본 다음 구멍에 떨구고 흙으로 덮었다. 이런 모습을 보면 꼭 자기가 무슨 일을 하는지 아는 것만 같았다. 나는 이 말썽꾸러기 동물 때문에 공터가 숲으로 변할까 봐 마음이 조마조마했다.

어디에서 무엇을 자라게 할지 스스로 통제하고 싶다면 씨앗을 심을 때 신중해야 한다. 흙이 아닌 마음속에 씨앗을 심는다면 취미, 습관, 일과를 심사숙고해서 결정해야 한다. 세심하게 주의를 기울이지 않으면 나도 모르게 삶의 질을 해치는 취미와 습관, 일과의 씨앗을 뿌리게 될 수도 있다.

머릿속에 떠오르는 모든 생각이 내면의 씨앗으로 자리 잡기 때문에 우리가 무엇을 심고 있는지 늘 의식해야 한다. 나는 해로운 잡초나 침입종, 독성 물질을 들이고 싶지 않아서 마구잡이로 씨앗을 뿌리지 않는다. 사람들과 소통할 때 공감의 마음을 전할 수 있도록 사랑과 친절을 품은 씨앗을 골라 심는다. 인내심과 긍정성의 씨앗은 내가 무슨 일을 하든 안정감과 평온함을 안겨준다. 특히 고난을 마주했을 때 더욱 그렇다. 무슨 씨앗을 심을지는 전적으로 우리에게 달려 있다.

모든 환경에 적합한 씨앗은 없다

모든 식물이 어떤 환경에서든 성장할 수 있는 건 아니다. 어떤 식물은 햇볕이 너무 강할 때 말라 죽는 반면, 햇볕이 극히 적은 환경에서 필수 영양소가 줄어드는 식물도 있다. 수생식물은 물 밖에서 살아남기 어렵지만 해바라기는 물속에 잠기면 죽고 만다. 사람들은 정원을 조성할 때 기후를 포함한 다양한 환경 요인을 이겨낼 씨앗을 심고 싶어하지만 그런 씨앗은 없다.

원하는 식물을 키우기에 내 마음의 그늘이 너무 짙고 어둡다면 새로 만든 정원에 햇빛을 끌어올 방법을 찾아야 한다. 내가 심은 씨앗 위로 오래도록 뿌리 박은 나무가 나뭇가지를 사방에 드리우고 있다면 햇살이 쏟아지도록 가지를 잘라내자. 어느 곳이든 가리지 않고 키워낼 수 있는 씨앗은 없다. 그래서 우리는 원하는 씨앗의 싱징을 북돋우기 위해 할 수 있는 모든 일을 헤아 한다. 다행히 인간의 마음은 지구의 환경보다 훨씬 더 쉽게 변화한다.

인내

멈춰 있는 게 아니라
싹을 틔울 준비 중

정원을 조성할 공간을 상상하고 미래의 정원을 준비하는 단계를 거쳐 씨앗을 심었다면, 이제는 다음 여정에 필요한 인내를 배울 차례다. 성장은 밀어붙일 수 없다.

우리가 심은 씨앗은 지금 땅속에 있다. 어쩌면 흙 위로 새로운 성장의 기운이 엿보일지도 모른다. 또는 싹틀 기미가 보이지 않아 처음부터 다시 시작해야 할 수도 있다. 둘 중 어느 쪽이든 인내심이 필요하다. 변화가 찾아올 때까지 마냥 손 놓고 기다리면서 시간만 축내는 걸 말하는 게 아니다. 인내심은 무언가 바뀌기를 기다리면서 계속 집중하고 관찰하는 태도이며, 지속적인 노력이 필요하다는 점에서 적극적인 실천 행위이기도 하다.

새로운 취미, 습관, 일과를 통해 긍정적 사고방식을 키워나가는 동안 관찰을 멈춰서는 안 된다. 익숙하지 않은 행동 양식이 자리 잡으려면 시간이 소요되기 때문에 새로운 방식이 우리에게 어떤 영향을 주는지 지속적으로 살펴야 한다. 만약 관찰을 소홀히 한다면 부정적 습관이 몸에 배거나 새롭게 변화하려는 시도에 실패할 수도 있다. 물을 더 주면 식물이 좋아했던가? 낮에 스트레칭할 때 기분이 좀 나아졌나? 이 활동을 하고 나면 힘이 났던가 아니면 기진맥진했던가? 빨리 성공하기를 열망하면서 결과가 즉각 나타나지 않으면 포기해버리기 쉽다. 인내심은 우리가 성장 단계에 도달하려면 충분한 시간이 필요하고, 적당한 햇빛, 물, 공기를 통해 성장을 북돋아야 비로소 꽃을 피울 수 있음을 상기시킨다.

과정은 간과한 채 결과에만 온 신경을 집중하면 인내하는 시간이 고통스럽게 느껴질지 모른다. 어린 시절의 나는 건강이 나아지길 기다렸고 아이들이 그만 괴롭히길 기다렸다. 기다리고, 기다리고, 또 기다리며 유년기를 보냈다. 내게 기다림의 끝은 쉽게 오지 않았다. 인내심을 배워야 했고, 까마득히 멀기만 한 소망이 이루어지기를 기다리면서도 시간을 생산적으로 보낼 방법을 모색해야 했다. 그 덕분에 인내를 새로운 관점에서 이해했고 지금까지도 인내는 내 삶의 길잡이가 되고 있다.

결실을 맺기 위해 필요한 시간

고등학교 졸업반 시절, 가을 학기 뮤지컬 〈마법사The WIZ〉에서 주인공 겸 무대 제작 기술 감독을 맡았다. 모든 작업을 일정 내에 완료하기 위해 학기가 시작되기 전인 여름에 세트장 건설에 들어갔다. 우리 학교의 공연 프로그램은 마그넷 스쿨magnet school(다른 지역 학생들을 유치하기 위해 일부 교과목에 대해 특수반을 운영하는 대도시 학교)을 통틀어 유일했기 때문에 수준 높은 작품을 기대하는 시선이 많았다. 관객들은 우리 공연을 보기 위해 올랜도 지역 각지에서 찾아왔다.

상연일이 다가오면서 친구와 나는 복잡한 대형 세트 작업을 마무리하기 위해 늦은 밤까지 일하고 있었다. 공연을 불과 몇 주 앞두었기 때문에 아침 일찍 일어나 밤늦도록 작업하기 일쑤였고, 여름 강좌와 캠프, 예행연습까지 하루에 모두 소화해야 했다. 게다가 우리 집은 학교에서 한 시간도 넘는 거리에 있었다. 충분히 휴식하며 재충전하지 않고 에너지만 소모하니 몸에 타격이 큰 건 당연했다.

에너지가 소진된 상태에서 작업하다가 부주의해져 결국 실수를 저지르고 말았다. 그것도 하필 5미터 높이의 허공에 매달린 세트를 만들다가 벌어진 일이었다. 나는 바닥으로 추락하면서 왼팔로 땅을 짚는 바람에 복합 골절상을 입었다. 온몸이 피투성이가 된 그 순간을 차마 자세히 설명할 수는 없지만, 내 판뚝뼈는 한눈에 보기에도 처참하게 으스러졌다.

뼈가 부러지면서 엎친 데 덮친 격으로 근육과 신경, 피부를 관통했다. 의료진은 뼈가 안정적인 형태로 자리 잡도록 팔에 막대를 삽입했고 의료용 스테이플러를 사용해 피부에 난 상처를 봉합했다. 사고가 난 지 거의 20년이 지났지만 부상의 흔적이 여전히 남아 있다. 스테이플러로 피부를 찍어두었던 자리에는 울퉁불퉁한 질감이 남았고, 한때 매끈했던 팔뚝은 부러진 뼈를 이어 붙이는 과정에서 본래의 형태를 잃었다. 팔을 구성하는 여러 근육과 신경이 찢어지며 상하다 보니 자유롭게 움직일 만큼 근력을 회복하려면 지속적으로 노력해야 했다.

회복 과정은 매 순간 인내와 정성을 요구했다. 나는 힘이 닿는 한 최상의 상태로 팔을 되돌려놓고 싶었다. 그러려면 부정성을 내려놓고 끊임없이 재활훈련에 매달려야 했다. 동시에 수년에 걸쳐 국소 치료와 물리 치료도 병행했다. 시간은 더디게 흘렀지만 점차 통증이 가라앉고 피부 질감이 보드라워졌으며 칙칙했던 흉터 색깔도 밝아졌다. 스트레칭을 꾸준히 해 근육이 정렬되면서 팔이 한층 편안해졌고 기형적인 모습도 한결 나아졌다. 이 과정에서 문제를 해결하는 데 긍정적 사고와 스트레칭 및 근력 운동이 얼마나 유익한지 몸소 체험했다. 그 결과 무게가 4킬로그램이 넘는 물건은 들지도 못하던 내가 이제는 7킬로그램에 이르는 물건도 거뜬히 들 수 있다. 오히려 부상을 당하기 전보다 훨씬 더 균형 잡힌 신체건강을 유지하고 있다. 모두 끊임없는 인내 끝에 얻어낸 결과였다.

만약 지독히 끔찍한 사고나 부상을 겪었다면 포기하지 말길 바란다. 많은 시간과 노력이 필요하겠지만 기꺼이 해결책을 모색하면서 다양한 방법을 시도해본다면 끔찍한 경험 이전으로 돌아가지는 못하더라도 지금보다는 나은 결실을 맺을 수 있을 것이다.

자연은 단계를 거쳐 완성된다

새로운 식물에 마음이 들떴을 때는 그저 빨리 자라길 바라거나 무언가 변화의 조짐이 나타나길 기대하곤 한다. 그러다 보면 내가 식물을 충분히 보살피고 있나 하는 걱정이 불쑥 들어 자꾸 물을 주거나 이리저리 자리를 옮겨본다. 인생도 비슷하다. 지금까지 해보지 않은 시도를 하거나 인생의 새로운 시기를 펼쳐나가고 싶을 때 우리는 흔히 변화의 기운을 눈으로 보거나 몸소 느끼고 싶어한다. 그러나 새로운 취미, 습관, 일과를 만들어내는 과정을 서두르다 보면 신석 상황을 잘못 판단힐 수 있다.

인내가 반드시 고통스러운 것만은 아니다. 느긋한 속도를 즐기면서도 씨앗이 성장하며 거치는 모든 단계를 감탄하며 바라볼 수 있기 때문이다. 석류pomegranate 묘목을 이제 갓 심었든 나무가 달콤한 과실을 맺었든 간에 목표를 향해 나아가는 발걸음에 자부심을 가져라. 인내는 예상치 못했던 곳에서 즐거움을 찾는 재미를 선사해주며, 마침내 고대하던 존재가 완성되는 모습을 보는 기쁨은 우리에게 큰 선물이 된다.

우리 집 현관과 앞뜰 사이에는 기다란 직사각형 모양의 화단이 있다. 이 집으로 이사 왔을 때, 1미터 높이의 회양목 울타리를 둘러친 텃밭 안쪽으로 식물을 심을 만한 공간이 조성되어 있었다. 이 공간을 어떻게 활용할지 고민하다가 몇 가지 아이디어를 생각해냈다. 알록달록한 무늬알피니아variegated ginger와 지표에 바짝 붙어 자라는 옥잠화hostas로 공간을 채우거나 콜레우스coleus를 심는 방법을 떠올린 것이다. 하지만 계속 마음을 결정하지 못했다.

그즈음 내가 일하는 학교에서 과학 박람회가 열렸다. 학생 몇 명이 모여 다양한 종류의 씨앗을 수경 재배로 키우고 있었는데, 그중에 둥근잎나팔꽃morning glory이 있었다. 눈부시게 아름다운 꽃이었다. 꽃잎 중심부의 보얀 속살에서 뻗은 잎은 자수정을 연상시키는 자줏빛과 밝은 남색이 어우러져 멋진 자태를 뽐내고 있었다. 아름다운 꽃의 이름을 물어보기가 무섭게 학생들은 친절하게도 씨앗을 나눠주었다. 나는 그길로 집에 돌아와 집 앞 화단을 정리하고 씨앗을 뿌렸다.

나는 들뜬 마음에 매일 화단을 들여다보면서 새싹이 돋아나길 기다렸다. 2주 동안 하루도 빠짐없이 확인했지만 매일 아무런 보람 없이 돌아서야 했다. 그러던 어느 날, 연둣빛 새싹이 고개를 내민 모습에 뛸 듯이 기뻤지만 가만히 들여다보니 잡초였다. 화단을 공들여 정비해두었기 때문에 의아한 마음이 들어 서둘러 허리를 굽혀 잡초를 뽑았다. 내 예상은 보기 좋게 빗나갔다. 내가 뽑아낸 건 잡초가 아니라 나팔꽃 씨앗이 틔워낸 첫 새싹이었다.

새싹을 살리기 위해 어떻게든 다시 심어보려다가 주변에 있던 다른 모종 세 개의 뿌리를 무심결에 건드리고 말았다. 게다가 나팔꽃 새싹들의 뿌리는 뒤얽힌 데다 성장 단계로 봤을 때 아직 연약한 상태였다. 식물이 땅 위로 모습을 드러내기 전에 이렇게 뿌리가 넓게 퍼질 줄은 꿈에도 몰랐다. 성급하게 행동한 탓에 나팔꽃이 2주 동안 성장해온 과정은 1초 만에 물거품이 되고 말았다. 나는 잠시 동안 앞뜰에 멍하니 서서 내가 저지른 실수를 받아들이려고 애썼다.

지금은 씨앗과 모종을 다룰 때 예전보다 훨씬 더 조심스럽게 접근하며, 조바심을 내지 않고 성장을 기다린다. 매일 정원에 나와 식물을 살펴보는 습관은 나쁘하지만 무언가 새로운 변화를 찾아내야 한다는 압박감을 느끼지는 않는다. 그보다는 내가 키우는 식물과 그날 운 좋게 두 눈에 담을 수 있었던 모든 존재에 감사하는 마음으로 정원을 돌아본다.

정원사가 되기 위해 배움을 이어가던 어느 날, 정원에 있는 장미가 얼마나 자랐는지 살펴보다가 녹색 가시덤불 사이로 짙은 붉은빛과 자줏빛이 올라와 있는 모습을 발견했다. 1센티미터가 조금 넘는 자그마한 타원 모양의 자줏빛이 얼마나 많이 올라왔는지 아무래도 심각한 문제가 생긴 듯했다. 가까이 들여다보니 자주색이 빨갛게 변해가고 있었다. 붉은 부분이 잎처럼 보이기도 했기 때문에 일단 걱정은 미뤄두기로 했다. 이후 며칠 동안 붉은 잎이 녹색으로 변하는 과정을 관찰하면서 색깔이 식물의 성장 단계를 나타낸다는 사실을 알아냈다. 잎은 처음에 자줏빛으로 모습을 드러내고 붉은빛으로 성숙해가며 초록빛을 띠면서 자리 잡는다는 깨달음이었다.

자주, 빨강, 초록이 대비된 모습은 그 자체로 아름다웠다. 이 경험을 통해 자연은 단계를 거쳐 완성된다는 배움을 얻었다. 만약 내가 중간에 끼어들어 장미 덤불을 '바로잡으려' 했다면 자연의 순환을 방해하는 결과만 초래했을 것이다. 이처럼 인내심은 꼭 필요할 때만 적절하게 행동하도록 이끌어주면서 나를 원하는 결과로 이끈다.

관찰과 배움이 없는
끈기의 결말

정원을 관리할 때는 관심의 끈을 놓아서는 안 된다. 씨앗이 성장하는 모습을 주기적으로 관찰하고 물을 주며 성장을 북돋우기 위해 노력해야 한다. 식물이 아니라 자신을 돌볼 때도 끈기가 필요하다. 취미, 습관, 일과의 변화를 모색하는 동안 친절하고 참을성 있게 자신을 대하면 긍정적 사고방식을 성공적으로 이끌어 나갈 수 있다.

긍정적 사고방식은 우리가 평생 실천해야 할 가치이므로 유지하기 위한 노력을 게을리해서는 안 된다. 끝없는 노동이라고 푸념하면서 긍정적 사고방식에 등을 돌리기보다는 도전과 지속적 성장, 무한한 배움의 기회를 받아들였을 때 얻을 이점을 생각하라.

식물을 키우는 방법에 정석은 없으니까

나는 먹다 남은 음식을 이용해 식물을 번식시키는 방법을 좋아한다. 퇴비가 될 운명이었던 음식물 찌꺼기에서 생명이 자라나는 모습을 보면 경이롭기 그지없다. 예를 들어 당근을 번식시키려면 윗동을 잘라내어 물을 조금 담은 병뚜껑에 올려두면 된다. 당근은 번식시키기 까다로워서 물이 부족하면 성장하지 않고 너무 많으면 물러서 죽는다. 그래서 당근 윗동이 물에 잠기지 않도록 가장자리까지만 물을 채워야 한다. 만족스러운 조건이 충족되면 당근 머리에서 새싹이 올라오고, 흙에 옮겨 심을 만큼 성장하면 씨앗을 품은 작물을 산출할 수 있다.

당근은 일정한 속도로 물을 흡수하지 않기 때문에 성장을 촉진하는 데 필요한 최적의 수준으로 물을 유지하려면 끈기가 필요하다. 정성 들여 물을 따라놓았는데 하루 만에 없어진다거나 처음에 부어놓은 물이 며칠 동안 그대로 유지되는 경우도 봤다. 이상적인 물의 양을 확인하려면 끈질기게 관찰해야 한다. 깜빡 잊거나 너무 바빠서 당근 윗동을 확인하지 못하면 물이 부족해 당근이 고사하기 쉽다. 내가 헌신하지 않으면 식물을 번식시키려던 계획은 수포로 돌아갈 수 있다.

장애물이나 도전, 난관이 앞을 가로막을 때도 마찬가지다. 나 자신과 주변 상황을 끈기 있게 관찰하면서 충분한 시간을 들여 평화도운 마음을 지거낸다면 새로운 대치 방법이 보일 것이다. 저어도 해결하기 불가능하다는 생각은 사라질 것이다. 차분한 마음으로 미소 지으면서 활기차게 고난을 대한다는 것이 어려워 보이겠지만 누구나 연습하면 가질 수 있는 인생의 자세다.

꾸준히 노력하지 않으면서 훌륭한 정원사가 되거나 긍정적인 사람으로 거듭나길 기대해서는 안 된다. 목표를 이루기 위해 끊임없이 매진하는 자세가 바로 끈기라는 점을 나는 초등학교 때 참가했던 학교 경연대회에서 몸소 느꼈다. 대회에서 예상 밖의 결과를 마주했지만 말이다.

인생이 뒤통수쳐도 포기하지 마라

초등학교 5학년 말에 학교에서 연설 대회가 열렸다. 모든 학생이 학급 내에서 공유할 연설문을 쓰면 선생이 전교 대회에 출전할 우수 학생 두 명을 선발하는 방식이었다.

나는 교회에서 무수히 많은 시와 연설문을 낭독한 경험이 있었기 때문에 말하는 건 자신 있었다. 나는 R 발음을 정확하게 하지 못하고 다른 글자들도 뭉뚱그려서 발음하는 경향이 있었는데,

이를 고치기 위해 여러 사람 앞에서 계속 연설을 했기 때문이다. 다만 원고를 작성하고 대회 규정에 맞추어 간결하게 다듬는 일이 큰 숙제였다. 나는 연설문을 쓰고 수정한 다음 내용을 보충해 엄마와 예행연습을 했고 유용한 조언도 얻었다.

이런 노력이 빛을 발했는지 나는 학급 대표로 선발되어 전교 대회에 출전할 자격을 얻었다! 대회를 준비하기 위해 교회 사람 몇 명을 청중으로 삼아 연설문을 낭독했다. 이모와 삼촌 앞에서도 연습했고 몸을 씻으면서도 쉴 새 없이 연설을 반복했다. 눈 감고도 외울 정도로 연습에 매진했다.

대회가 열리던 날, 일하러 간 엄마를 대신해 할머니가 응원하러 왔다. 대표로 선발된 학생들이 연설문을 낭독하는 자리에 전교생이 참석했다.

"마커스 브리지워터." 선생이 무대에서 내 이름을 호명했다. 나는 깊이 숨을 들이쉬고 침을 꿀꺽 삼킨 다음 단상을 향해 성큼성큼 걸어갔다. 연습했던 대로 청중을 바라보며 미소 짓는 것도 잊지 않았다. "원고는 필요 없나요?" 내 손에 원고가 없다는 사실을 알아채고 심사위원 한 명이 질문을 던졌다.

미소 띤 얼굴로 고개를 끄덕인 후 정신을 집중했다. 연설이 끝나자 관중석에서 우레와 같은 박수와 환호가 터져 나왔다! 나는 잘 해냈다는 의미로 받아들이고 한껏 부푼 마음으로 자리에 돌아왔다. 심사가 끝난 후 심사위원 한 명이 나를 찾아왔다.

그녀는 "정말 대단한 연설이었어요. 자부심을 가질 만해요." 라고 칭찬했다. 이윽고 심사위원단이 두 명의 우승자를 발표했다. 거기에 내 이름은 없었다. 어딘가에서 내 쪽을 바라보며 소곤대는 목소리가 들려왔다. "왜 저 아이가 우승하지 못한 거죠?" 선생은 충격과 당혹감이 뒤섞인 표정으로 나를 바라보았고 이내 누군가와 이야기를 나누기 위해 자리를 떴다.

이후에 선생은 나를 찾아와 상황을 설명했다. 심사위원단에서 어떤 특정한 참가자가 우승을 통해 자신감을 얻으면 크게 성장할 가능성이 있어 보이는데 나는 "유리한 자질을 많이 갖추었기 때문에 우승을 양보"해야 한다는 의견이 나왔다는 것이다. 머릿속이 복잡해졌다. 내가 학업 성적이 뛰어난 건 사실이지만 열심히 노력해서 얻은 결과였다. 대체 무슨 이유로 내가 특별하다는 걸까? 심사위원들 눈에는 보일지 몰라도 내 눈에는 안 보였다. 나는 만성적인 건강 문제에 시달렸고 형편도 넉넉하지 않았으며 폭력과 유린이 만연한 지역에 살고 있었다.

참담했다. 집으로 돌아오는 차 안에서 내가 어떤 점이 부족했는지 알아내려고 머리를 쥐어짰다. 연설이 별로였던 게 틀림없었다. 그때 할머니가 말했다. "아가야, 아까보다 더 잘할 수는 없어. 넌 최선을 다했단다. 앞으로 이런 일이 우리가 생각한 것보다 더 많이 생길 수도 있어. 상황이 우리에게 불리하게 돌아갈 때도 있겠지만 시도하려는 노력을 멈춰서는 안 돼. 이 일 때문에 포기해서는 안 된단다."

그 순간 할머니는 인생에서 끈기를 유지하는 태도가 중요하다는 가르침을 안겨주었다. 만약 패배했다는 실망감에 사로잡혔다면 오랜 시간 연습하고 준비하면서 이뤄낸 성장에 감사하는 마음을 갖기 어려웠을 것이다. 나는 결과에 굴하지 않고 우리 지역의 다른 공동체를 대상으로 연설 내용을 열다섯 번 더 공유했다. 연설이 거듭될수록 실력은 향상됐다. 그 덕분에 교내 대회보다 규모가 큰 대회에서 우승을 하기도 했다. 무엇보다 연설가로서 발전하는 데 모든 시간을 쏟게 만든 내 끈기는 초등학교 때 받은 어떤 상보다도 더 오래 내 곁에 머무르고 있다.

해로운 끈기

나는 사람들이 끈기를 실천할 때 흔히 직면하는 두 가지 주요 문제가 '관찰 없는 끈기'와 '개선 없는 끈기'라는 사실을 알아냈다.

한때 꽃을 몇 송이 피우던 감탕나무holly 아래쪽 토양에 피망을 함께 심은 적이 있다. 어느 날 오후 창밖을 보니 길게 드리운 나뭇가지 때문에 피망이 햇빛을 받지 못하고 있었다. 나는 그늘을 드리운 나뭇가지를 잘라내 피망이 잘 자라도록 했다. 이런 노력에 보답하듯이 피망은 맹렬한 속도로 성장하기 시작했다.

하지만 이와 동시에 피망 양쪽에 심어놓은 식물들은 차츰 시들거리더니 죽고 말았다. 필요 이상으로 햇빛에 노출됐기 때문이다. 나뭇가지를 자르면 다른 식물에게 영향이 있을 거라고는 미처 예상하지 못했다. 식물 한 포기를 구하겠다는 투지 때문에 다른 식물 일곱 포기를 떠나보낸 것이다. 피망을 꾸준히 돌보려고 노력했지만 이런 끈기가 다른 식물에 어떤 영향을 미칠지는 인지하지 못했다. 나는 이 경험을 통해 관찰 없는 끈기는 의도와 상관없이 해로울 수 있다는 가르침을 얻었다.

개선 없는 끈기 역시 목표를 향해 가는 발걸음을 가로막는다. 나는 정원을 가꾸는 여정을 시작한 지 몇 년 지나지 않아 채소 정원을 가꾸기로 결심했다. 정원을 확장해 과일과 채소를 재배할 만큼 충분히 배웠다고 생각했기 때문이다. 플라스틱 재질의 오래된 보관 용기 열한 개를 크기별로 가져와 밑바닥에 구멍을 뚫고 흙으로 채운 다음 미리 만들어둔 커다란 나무 받침대 위에 올려놓았다.

그런 다음 뿌리가 제법 많이 자란 과일 묘목과 채소 모종 서른다섯 포기를 사와서 식물의 종류와 적합한 일조량을 고려해 플라스틱 용기에 심었다. 이 프로젝트는 당초 예상한 시간보다 세

배나 더 오래 걸렸고, 나는 몇 달 만에 한 번 생긴 여유로운 주말마저 여기에 쏟아부었다.

일주일이 훌쩍 지나서야 식물의 상태를 확인할 수 있었다. 식물은 무탈했고 꽤 짧은 시간이었는데도 예상보다 더 잘 자라고 있었다. 하지만 자세히 살펴보니 몇 가지 문제점이 눈에 띄었다. 나무 받침대 아래쪽에 있는 잔디가 죽어갔고, 플라스틱 용기는 작열하는 태양과 거센 비바람에 노출된 나머지 금방이라도 바스러질 것 같았다. 어떤 용기 안에는 개미가 득시글거렸다.

나무 받침대를 다른 쪽 잔디밭으로 옮기려면 받침대에 놓인 플라스틱 용기를 모두 내려놓아야 했다. 나중에 새로운 잔디가 또다시 망가지면 이 일을 반복해야 한다는 걸 알면서도 작업을 시작했다. 플라스틱 용기를 내려놓고 받침대를 옮기는 데 30분 정도 걸리겠다고 예상했다. 식물의 보금자리를 옮기는 일은 고된 노동이었고, 그중 하나는 들어 올리다가 부서뜨리기까지 했다. 울컥하는 마음을 달래면서 흙과 플라스틱 잔해를 치우고 집을 잃은 식물들이 입주할 장소를 물색했다. 나는 녹초가 된 상태로 나무 받침대를 끌어 옮긴 다음 플라스틱 용기를 받침대에 간신히 올려놓고 바닥에 주저앉아 깊은 숨을 몰아쉬었다. 작업을 끝내는 데 무려 두 시간이 걸렸다.

2주가 지난 후, 시간을 내서 정원에 들러 식물을 살펴봤다. 식물은 여전히 잘 자라고 있었지만 몇 주 전과 똑같은 문제가 눈앞에 펼쳐서 있었나. 잔디는 시들어가고 플라스틱 용기 두 개는 바스러졌으며 흙을 제집 삼은 개미 떼가 용기 안에 들끓었다.

나는 식물을 보살피면서 정원 프로젝트를 성공시키기 위해 끈질기게 노력했다. 하지만 불행히도 날씨가 플라스틱 재질에 어떤 작용을 하는지 또는 나무 받침대가 잔디에 어떤 영향을 주는지 충분히 알아보지 않았다. 아니, 알면서도 고치려 하지 않았다. 마음의 여유가 부족해서 근본적인 원인을 알면서도 해결하려고 하지 않은 채 시간만 허비했다. 끈기가 결실을 보려면 관찰과 함께 개선하려는 노력도 다해야 한다.

인생은 연습할수록
단단해진다

내가 가꾸는 정원과 다양한 식물에 관한 이야기가 많은 사람에게 알려지면서 죽어가는 식물을 살려내고 초심자도 쉽게 정원을 가꿀 수 있는 방법에 관한 질문을 많이 받는다. 사실 나는 식물 관리를 위한 정규 교육을 받아본 적이 없다. 지금 아는 지식은 모두 실험을 하는 과정에서 습득한 것이다.

우리는 실험을 통해 깨달음을 얻고 주도적으로 배움을 추구할 수 있다. 성공과 실패는 모두 지식을 습득하는 기회가 된다. 나는 실험을 할 때마다 성장을 촉진하는 방법에 대한 이해가 깊어진다. 그래서 정원사든 초보자든 전문가든 상관없이 식물을 대상으로 다양한 시도를 해보고 결과를 기록하라고 권유한다. 이렇게 하면 비판적 시각과 주의력을 견지할 뿐 아니라 객관성을 유지하는 데에도 도움이 된다. 실험은 우리에게 깨미를 일깨워준다는 면에서도 중요한 의미를 지닌다. 실험을 관찰한다는 건 새로운 시도를 하고 놀이를 하면서 호기심을 품을 기회를 스스로에게 선사하는 일이나 다름없다.

실험을 하려면 관찰과 분석이 요구되지만 인내심과 끈기 없이는 불가능하다. 참고 버티지 않으면 배움을 얻을 방도가 없다는 뜻이다. 배움이 깊을수록 더 많이 성장하며 다른 존재의 성장도 북돋울 수 있다. 새로운 것을 배우는 게 목표라면 실험이 실패의 두려움을 극복하는 방법이 된다.

이 세상에 무의미한 실험은 없다

한때 나는 분홍색 꽃을 피우는 긴 대롱 모양의 자주색달개비 purple queen와 다양한 칼라디움 caladium들을 정원에 같이 심은 적이 있다. 칼라디움들의 알록달록한 잎사귀가 자주색달개비에서 뻗은 자줏빛 대롱 너머로 아른거리는 모습을 보는 게 이 실험의 목표였다. 두 식물의 조화는 환상적이었다. 하지만 청설모가 칼라디움의 알뿌리를 갉아먹기 시작하면서 문제가 발생했다. 1년이 지났을 무렵 나는 텃밭용 매트를 설치하는 두 번째 실험을 단행했다. 효과는 있었지만 다시 한 번 칼라디움을 떠나보내는 대가를 치러야 했다. 칼라디움은 매트가 깔린 환경에서 살아남을 만큼 강한 식물이 아니었다. 지금은 자주색달개비만이 홀로 그 자리를 지키고 있다.

자연은 헤아릴 길 없이 복잡한 존재이기에 야외에서 발생하는 모든 변수에 완벽하게 대비할 수는 없다. 하지만 두 가지 실험 모두 정원에서 키우는 수많은 식물의 성장을 돌보는 데 도움이 된 것은 부인할 수 없다. 지금은 겹겹이 쌓은 매트가 어떤 식물에게는 위험할 수 있지만 튼튼한 식물에게 사용하면 청설모로부터 뿌리를 보호하는 수단이 된다는 사실을 이해한다.

시간이 흐르면 식물의 뿌리는 땅속으로 깊이 파고들어간다. 몇 년 동안 같은 장소에서 만족스럽고 건강하게 자라다가 환경의 변화가 성장에 영향을 미치는 시기가 오면 정원사는 식물을 다른 장소로 옮겨야 한다는 압박을 받을 수 있다. 마음이 내키지 않고 두렵더라도 새로운 시도를 감행하고 위험을 무릅쓰는 선택이 식물을 살려내는 유일한 기회가 될지 모른다. 인생에서의 취미, 습관, 일과도 마찬가지다. 오래된 습관을 깨기는 힘든 법이라 실험을 하거나 새로운 방식을 받아들이기가 불안할 수 있지만 성장을 이어나가려면 불가피한 과정이다.

수년 동안 나는 내가 느끼는 '필요'와 '영감'을 확실히 파악하고 있다고 생각했다. 인젠기 수도원에서 지내는 동안 수도사들이 지키는 엄격한 식단을 경험할 기회가 있었다. 음식을 제한된 양만 먹고 특정한 날에는 지정된 식품군만 섭취하며 정해진 식단 계획표를 따른 결과, 몸에 활기를 불어넣어 마음의 생기를 북돋우는 방법을 완전히 달리 이해하게 되었다. 수도원에서 생활하기 전에는 아침 식사를 건너뛰는 경우가 많았는데, 아침을 먹으면 하루를 버틸 에너지가 생긴다는 사실을 식단 실험을 통해 깨달았다. 그동안 내 몸에 정말 필요한 것을 놓치고 있었던 것이다. 지금도 나는 새로운 시도에 내 몸이 어떻게 반응하고 마음에는 어떤 영향을 주는지 배워나가고 있다.

실험이라고 하면 흔히 새하얀 실험복을 입은 연구원이 형형색색의 화학 물질을 뒤섞다가 비커가 구름 모양의 거품과 연기를 뿜어내면서 폭발하는 이미지를 떠올리는 경우가 많다. 나는 새로운 일을 시도하면서 무엇이 우리에게 도움이 되고 무엇이 그렇지 않은지 배워나가는 과정이 실험이라고 생각한다. 정원 조성부터 사고방식 함양, 개인적으로는 조음장애(발음장애)를 극복하는 방법까지 모든 일에 실험을 접목할 수 있다.

조음장애를 극복한 실험들

성인이 된 후 놀랍게도 내 목소리가 마음을 어루만져줄 뿐 아니라 억양, 발음, 어조가 유려하다는 이야기를 수도 없이 들어왔다. 30대 초반까지만 해도 이런 이야기를 들으면 사람들이 나를 놀린다고 생각했다. 어린 시절에는 발음 때문에 조롱받거나 따돌림을 당하면서 고통스러운 나날을 보냈기 때문이다.

공동체에서 나는 소수자에 속했다. 카리브해 출신인 엄마는 나를 낳은 후 미국 남동부 지역에 사는 한 미국인 가정에 입양되었다. 우리 가족은 여러모로 비슷해 보였지만 말하는 방식은 전혀 달랐다. 말을 배우기 시작하면서 나는 자연스럽게 엄마를 닮아갔다. 동네 아이들은 내가 꼭 외국인처럼 말한다고 놀려댔다. 입양으로 가족이 된 할머니는 개의치 않았지만 할머니의 가족은 내게 그다지 호의적이지 않았다.

특이한 말투뿐 아니라 조음장애도 넘어야 할 산이었다. 혀짤배기처럼 R 발음이 이상하니 웃음거리가 되기 딱 좋았다. 나처럼 말하는 사람을 주위에서 본 적이 없었다. 학교 아이들은 내가 어눌하게 말하고 R도 제대로 발음하지 못한다며 손가락질했고, 교회에서는 외국인이냐며 비웃었다. 할머니를 따라 사촌 네 명이 이사 오면서 집에서도 놀림을 받았다. 어디에서도 경계를 늦출 수 없었다.

다섯 살 때부터 학교에서 언어치료 수업을 듣기 시작했다. R과 S를 발음하는 연습을 반복하고 결과가 좋으면 선생님이 가져온 보물 상자에서 상을 고를 수 있었다. 선생님은 나 같은 학생들에게 도움을 주기 위해 학교에 이따금씩 방문하는 특수교사였다. 나는 실수를 따뜻하게 감싸주고 참을성 있는 선생님이 존경스러웠다. 나를 대하는 모습에서 부정적 시선이 느껴지지 않았기 때문에 편안한 마음으로 연습에 매진할 수 있었다. 아무리 힘에 부치고 근육이 쪼개질 듯 쑤시고 두 눈에 절망스러운 눈물이 고여도 선생님은 내가 계속 연습할 수 있도록 용기를 북돋아주었다.

조음장애와 괴롭힘은 이후에도 몇 년 동안 계속되었다. 3학년 1학기를 마치고 방학이 오자, 나는 글쓰기에 많은 시간을 투자하기 시작했다. 걸핏하면 느껴지는 긴장감을 다스릴 방법이 필요했는데 글쓰기가 내게 탈출구를 마련해주었다. 글을 쓰면서 자신감도 생겼다. 담임 선생님이 학급 활동에서 쓴 이야기를 큰 소리로 읽어볼 사람이 있냐고 물었을 때 나는 손을 들었다. 마음속 불안감을 받아들이고 말하기를 연습할 기회가 되리라 생각했기 때문이다.

수업에서 하는 연습은 도움이 되었지만 충분하지는 않았다. 그래서 실험을 시작했다. 먼저 방 안에서 혼자 있을 때 그리고 가족들이 거실에 모여 있을 때 일기장을 큰 소리로 읽기 시작했다. 그리고 그들의 반응을 살피고 나의 발음을 고쳐나갔다. 라디오나 텔레비전에서 나오는 말소리를 온종일 혀와 턱이 얼얼할 정도로 똑같이 따라하려고 애를 쓰기도 했다. 근육이 풀릴 때까지 말을 줄였다가 조금 나아지면 연습을 재개하기도 여러 번이었다. 혼신의 힘을 기울인 일련의 실험 끝에 4학년이 되자 선생님은 더 이상 언어치료가 필요 없을 정도로 실력이 향상되었다고 말해주었다. 기분이 이상했다. 선생님과 함께 공부한 지도 벌써 수년이 흘렀는데 이제 선생님을 만나지 못한다니! 내 인생에서 그 선생님처럼 변함없이 친절을 베풀어준 사람은 찾아보기 어려웠다.

오랜 시간이 흐른 지금도 내가 원하는 대로 발음할 수 있다는 사실이 새삼 놀랍기만 하다. 어린 시절에 조음장애를 극복하기 위해 얼굴을 일그러뜨리고 근육을 혹사하면서 다양한 소리를 내는 방법을 익히는 데 얼마나 많은 시간을 들였는지 사람들은 짐작조차 못할 것이다. 그 덕분에 앞에서도 이야기한 연설대회에서도 그리고 뮤지컬 공연에서도 많은 활약을 할 수 있었다. 수년이 걸렸지만 지금의 내가 있게 된 것은 그 모든 연습이자 실험의 결과라고 생각한다.

실험을 기록하라

기록을 하면 실험의 진행 상황을 파악하는 데 도움이 된다. 나는 언제나 성찰일기에 의존한다. 성찰일기는 내가 가장 좋아하는 기록 방법이자 스스로를 되돌아보는 데 유용한 도구다. 필요와 영감, 이해를 분석하기에도 좋고, 새로 들인 취미, 습관, 일과의 진행 과정을 되짚어 보기도 쉽다. 자신에게 효과가 있는 일과 그렇지 않은 일을 계속 기록해두면, 미래에 선택과 실험이 필요한 상황에 직면할 때 길잡이로 활용할 정보를 충분히 확보해둘 수 있다.

성찰일기는 자신을 알아가는 데 도움이 되는 방향으로 부담 없이 작성해야 한다. 나는 성장에 특별히 초점을 맞추고 싶을 때 질문형 주제를 사용해 일기를 써 나간다. 먼저 노트를 2단으로 나눈 다음 왼쪽 열에는 '무엇을 했는가?'라는 제목을 붙이고 오른쪽 열에는 '어떤 느낌이 들었는가?/무엇을 알게 되었는가?'라는 제목을 단다. 만약 '일어나서 스트레칭을 했다'라는 행위를 성찰일기에 담고 싶다면 '무엇을 했는가?' 열에 작성한다. '스트레칭을 하고 나니 뭉친 근육이 풀어져 움직이기가 한결 쉬워졌다. 활기가 느껴져서 오늘 하루를 힘차게 시작할 수 있을 것 같다'처럼 느낌과 관련된 내용은 '어떤 느낌이 들었는가?/무엇을 알게 되었는가?' 열에 쓰면 된다.

며칠 동안 성찰일기를 기록한 후 지금까지 쓴 내용을 되짚어본다. 그런 다음 일정한 행동 양식이나 변화 양상 면에서 특이사항이 있는지 살펴본다. 이를테면 아침 스트레칭을 거른 날은 온종일 몸이 쑤시고 뻐근했다고 기록했을지 모른다. 그렇다면 스트레칭이 내 아침 일과에서 중요한 역할을 한다는 깨달음을 얻을 수 있다.

궁극적으로 실험은 성장의 동력을 얻는 하나의 방법이다. 실패도 교훈을 주기 때문에 실험에서 수집한 정보를 바탕으로 새로운 일에 도전하면 두려움 없이 나아갈 수 있다. 땅에 심은 모든 씨앗이 일종의 실험이며 씨앗을 키우기 위해 적용하는 다양한 방법도 실험이다. 생활 속에서 실천하는 취미, 습관, 일과 역시 우리의 필요를 충족하고 영감을 풍요롭게 하며 이해를 활용하려는 실험이다. 우리를 이끌어 목표 앞에 서게 하는 실험이 있는가 하면, 다른 방향을 제시해주며 새로운 길을 보여주는 실험도 있다. 성공에 도달하는 최선의 방법은 인내심을 발휘하고 끈기 있게 버텨내고 실험을 반복하면서 이 말을 마음속에 되새기는 것이다. '성장은 밀어붙이기보다 북돋울 때 이루어진다.'

새로운 취미, 습관, 일과를 내 것으로 만들려면 시간이 소요된다. 변화는 몰아붙이거나 강요한다고 이루어지지 않기 때문에 관찰의 과정이 끝나면 준비하는 시간이 필요하다. 또한 성장을 지시하는 환경이 뒷받침해줘야 취미, 습관, 일과가 성공적으로 뿌리내릴 수 있다. 나는 식물을 돌볼 때 인내심을 갖고 끈기 있게 버텨내려 애쓴다. 식물이 꽃을 피우고 성숙하는 과정에서 내 도움이 필요할 수 있다는 생각이 들어서다. 실패해도 연습하고 또다시 시도한다. 어떤 식물에게 효과적인 방법이 다른 식물에게는 잘 맞지 않을 수 있기 때문에 나는 실험을 거듭하면서 새로운 것을 시도하고 배워나가려 노력한다.

일단 씨앗이 뿌리를 내리고 줄기가 태양을 향해 뻗어가며 잎사귀가 펼쳐지면서 꽃봉오리가 벌어지면 우리의 여정이 첫 단계를 통과한 셈이다. 하지만 식물이 지속적으로 성장하려면 우리가 경과를 관찰하고 토양의 상태를 확인하면서 식물이 건강을 유지하도록 보살펴야 한다. 물을 제때 주지 않거나 병충해가 들끓도록 내버려두고 혹독한 날씨에도 신경 쓰지 않으면 그동안 공들인 노력이 모두 물거품으로 돌아갈 수 있다.

이와 마찬가지로 삶의 질을 높여주는 취미, 습관, 일과가 생활의 일부분이 되었다면 시간이 지나면서 그 장점이 일상에 녹아들도록 이 세 가지를 계속 유지해나가야 한다. 그러기 위해서는 몸의 건강이 중요하다. 이제부터는 몸의 균형을 건강하게 유지하는 방법을 살펴보려고 한다.

성장은 끊임없이 계속된다는 점을 잊지 말자. 우리의 마음은 아름답고 활기차며 생동감 넘치는 공간이 될 수 있다. 보살피려는 의지와 헌신만 있다면 우리 내면의 식물은 성장을 거듭할 것이다.

나무의 성장 흔적
기록하기

이 활동에서는 우리의 발자취를 확인하고 앞으로의 성장을
도모하기 위해 관찰과 기록을 활용하는 방법을 연습한다.

❶ 일기장과 필기도구를 준비해 날짜와 시간을 기재한다.

❷ 뒤뜰이나 동네 공원처럼 나무를 가까이 관찰할 수 있는 장소로
향하자.

❸ 나무에서 3미터 정도 떨어진 위치 또는 나무의 전체 모습을 바
라볼 수 있는 곳에 멈춰 선다. 키가 매우 큰 나무라면 꼭대기까지
보이지 않아도 상관없다.

❹ 잠시 시간을 들여 나무를 이루는 뿌리, 줄기, 가지를 감상하고 잎,
꽃, 과실처럼 결이 다른 요소도 천천히 살펴본다.

❺ 눈에 보이는 모든 가지를 땅 밑에서 자라나는 뿌리가 떠받친다고
상상해보자.

❻ 나무의 수령이 몇 년일지, 계절의 변화를 어떻게 견뎌냈을지, 끊
임없이 성장하기 위해 어떤 방식으로 적응해왔을지 생각해보자.

❼ 나무에서 자신의 모습을 떠올린다. 어떤 어려움이 닥쳐도 버텨내고 승리하여 성장을 거듭해오지 않았는가. 이 경험을 기회로 삼아 자신이 그동안 무슨 일을 겪었는지, 현재는 어떤 상황인지, 성장을 도모하기 위해 할 수 있는 일은 무엇인지 성찰하자.

❽ 관찰 내용 및 결과와 더불어 이 경험을 통해 느낀 점을 기록한다. 내면의 영감이 이끄는 대로 쓰면 된다.

💛 덧붙이는 말 💛

성찰일기는 내가 경험, 감정, 생각을 기록하는 데 이용하는 강력한 도구다. 내 일기장에는 앞에서 소개한 활동과 비슷한 구조의 성찰일기가 잔뜩 실려 있다. 일기에 쓴 내용을 통해 내가 얼마나 발전했는지 확인하고 기존의 취미, 습관, 일과에 변화를 줄 필요가 있는지 판단할 수 있다는 점에서 성찰일기는 내게 없어서는 안 될 소중한 자산이다. 나무가 그렇듯 우리도 천천히 성장하기 때문에 잠시 멈춰 관찰할 시간을 갖지 않는다면 성장의 흔적을 알아채거나 인식하기 어렵다. 내가 얼마나 성장했는지 되돌아보고, 소망하던 성장의 궤도를 잘 따라가고 있는지 확인할 수 있도록 일기를 써보자.

2부

무너진 몸의
균형에서
삶의 균열이 생긴다

만약 식물로 될 수 있다면 어떤 종류의 식물이 되고 싶은가?

무성한 잎을 자랑하는 야자수나 뾰족한 잎이 매력적인 착생 식물이 되고 싶은가 아니면 잎사귀에 광택이 감도는 수박페페로미아watermelon peperomia로 살고 싶은가?

줄기의 길이나 잎의 크기에 상관없이 성장에 필요한 취미와 습관, 일과가 무엇인지 파악하는 과정은 반드시 필요하다. 동일한 종에서 파생한 품종이라도 대개 그 식물에 맞는 맞춤형 관리가 필요한 법이다. 디펜바키아dieffenbachia를 키우면서 이런 생각은 더욱 분명해졌다.

예전에 은색 잎과 흰색 잎, 얼룩덜룩한 잎이 특징인 세 종류의 디펜바키아를 구입한 적이 있다. 커다랗고 부드러운 타원형 잎사귀와 생생한 빛깔이 매력적인 식물을 새로 들인다는 생각에 마음이 즐거웠다. 그러나 디펜바키아는 집으로 오면서 잎사귀가 생기를 잃고 바래기 시작하더니 가장자리가 누렇게 갈변하고 말았다. 정상적인 생장 신호인 걸까 아니면 무슨 문제라도 생긴 걸까? 특히 은색 디펜바키아는 잎사귀가 3분의 2도 넘게 누레지면서 가장 불안한 징후를 보였다.

디펜바키아를 자세히 들여다보았다. 잎사귀 일부가 기형적으로 일그러지고 줄기는 형체를 잃어가는 모습이 눈에 띄었다. 손을 뻗어 만져보니 본래 단단했던 식물 조직은 물컹하게 물크러져 있었다.

세 종류의 디펜바키아에 똑같이 물을 주었지만 각각 다른 속도로 시들어가는 모습을 보면서 한 가지 생각이 불현듯 머릿속을 스쳤다. 비슷한 식물이지만 성장 속도와 패턴이 서로 달랐던 거구나! 일률적 방식으로는 서로 다른 디펜바키아를 제대로 돌볼 수 없었다. 디펜바키아의 특성에 맞는 맞춤형 관리를 해야 했다. 식물뿐 아니라 우리도 이러한 관리가 필요하다. 각기 다른 식물의 요구를 이해하고 맞춤형 관리를 하는 것처럼 나도 그렇게 내 몸을 보살핀다. 식물마다 필요한 수분과 일조량이 다르듯 신체의 건강을 바라보는 관점도 사람마다 달라야 한다.

내 몸에 필요한 맞춤형 관리

마음건강의 의미를 정의할 때 우리는 흔히 평화를 떠올린다. 그렇다면 신체건강을 정의하는 요소는 무엇일까? 나는 '균형'이라고 생각한다. 평화가 맑은 정신과 안온한 마음상태를 의미한다면, 균형은 신체에 대한 통제력과 안정성을 뜻한다. 우리는 균형 있게 긴장헌 ·)대를 이렇게 달성힐 수 있을까?

건강한 신체라고 하면 흔히 체육관에서 100킬로그램에 육박하는 바벨을 들어 올리며 터질 듯한 근육을 자랑하거나, 땀을 비 오듯이 쏟아내면서도 운동에 집중하느라 얼굴을 잔뜩 일그러뜨린 운동 선수나 애호가를 떠올리는 경우가 많다. 여러 종류의 시합이나 복잡한 식단도 떠오른다. 마치 사람마다 체격과 체형이 다르지 않다는 듯 건강한 신체라면 갖춰야 할 이상적인 모습이 우리 사회에 존재한다. 하지만 나는 신체건강을 다른 관점에서 바라본다.

건강한 몸을 가꾸고 싶을 때 자신을 식물이라고 가정하면 도움이 된다. 다시 말해 성장 지향적 사고방식을 토대로 몸을 온전히 이해해야 한다. 나는 신체건강을 달성하는 데 필요한 다섯 가지 핵심 요소를 다음과 같이 제안한다. 첫째, 우리에게 힘을 불어넣는 근원에 주목하라. 우리를 비추는 햇살은 어디에서 온 걸까? 몸은 여러 기관이 한데 모여 기능하는 집합체이며, 모든 기관은 동일한 에너지원을 통해 연료를 공급받는다. 따라서 에너지 관리는 건강한 삶을 유지하는 데 반드시 필요하다. 에너지를 어떻게 사용할 것인지에 대한 질문은 무엇을 먹고 힘을 보충해야 하는지의 문제를 넘어선다. 우리가 몸에 대해 어떻게 생각하는지 그리고 몸을 위해 무엇을 우선시할 것인지도 함께 고려해야 한다.

둘째, 건강하다고 느낄 때와 스트레스를 받을 때가 언제인지 파악하라. 누구나 가끔은 생기를 잃는다. 문제가 생기는 징후를 파악할 수 있다면 시들어가는 이파리에 발 빠르게 대처해 활기를 불어넣을 수 있다.

셋째, 자신을 더 가치 있게 생각하라. 사람의 몸은 저마다 고유하기 때문에 신체건강을 보편적으로 규정하기는 어렵다. 스스로를 향한 엄격한 잣대를 내려놓고 자신이 가진 색깔, 모양, 질감을 있는 그대로 받아들일 때 우리가 맺은 꽃망울을 터뜨릴 수 있다. 자신만의 고유한 자질을 존중한다면 다른 사람과 비교할 필요도 없어진다. 비판하려는 마음을 내려놓고 장미가 튤립보다 더 나을 것도 없다는 사실을 마음속에 새기자. 저마다 다른 매력과 존재 이유가 있는 법이다. 정원에서 제각기 다른 색깔과 모양, 질감을 지닌 식물을 바라볼 때면 어지러이 펼쳐진 다채로운 풍광에 슬며시 미소가 배어나곤 한다. 식물을 사랑하는 마음은 같다고 해도 정원에 한 종류의 식물만 있다면 이런 감정을 느끼기는 어려웠을 것이다. 다양성은 어느 각도에서도 감상하기 좋은 다채로운 미학을 창조해낸다. 식물마다 존재하는 특별한 개성이 공간 구석구석에 경이감을 불어넣고, 나는 제각기 다른 식물의 목소리에 귀 기

놀이며 성원을 사뿌나간다. 내 손으로 기꾼 근사한 공간이 그저 감탄스럽기만 하다.

넷째, 몸이 자극을 받을 때 어떤 느낌이 드는지 관심을 기울여라. 식물은 빛, 수분, 토양 등의 자극물에 다양한 방식으로 반응한다. 기분 좋은 감촉이나 매서운 날씨와 같은 자극에 우리는 어떻게 반응하는가?

다섯째, 신체건강을 바라보는 우리의 관점을 회복에 근간을 두고 새롭게 정립하라. 무엇보다 부정성에서 벗어날 필요가 있다. 긍정성에 뿌리를 둬야 좀 더 쉽게 문제를 포착하고 스스로 회복할 방법을 찾아나갈 수 있다. 이는 몸뿐 아니라 마음을 회복할 때도 마찬가지다. 마음과 몸이 유기적으로 연결될 때 우리는 한층 강해진다. 마음과 몸의 연결을 무시하면 에너지가 낭비되고 쓸 수 있는 에너지는 줄어든다.

식물이 항상 성장하려고 애쓰는 모습을 보면 틀림없이 평화로운 상태일 거라는 생각이 든다. 하지만 혹독한 날씨, 부러진 잎자루, 상처 난 뿌리, 답답한 공간 같은 역경에 직면하더라도 생명이 붙어 있는 한 계속해서 자신의 속도에 맞춰 균형을 유지하려고 고군분투하는 것이 식물이다. 그렇게 식물은 땅속에 뿌리를 내리고 새로운 줄기와 잎을 밀어 올리면서 성장해나간다. 식물의 이런 모습을 배워보자.

나는 무엇을 놓치고 있는가?

　다음과 같이 가정해보자. 울창하고 빽빽한 덤불을 헤치고 사막에 길을 내며 나아가다가 나와 같은 여정을 지나온 사람들이 조성해놓은 마을을 발견한다. 그들은 기꺼이 같이 일할 의향이 있다면 공동체에 들어오라고 제안한다.

　사람들의 손에 이끌려 도달한 곳은 녹음이 아름답게 펼쳐지고 이국적인 나뭇잎이 무성한 고혹적인 정원이다. 높이 세워둔 격자 울타리를 따라 덩굴이 늘어져 있고, 형태와 크기가 서로 다른 화단에는 다양한 식물이 생기 넘치는 자태를 자랑하며 포근히 자리 잡고 있다. 상상할 수 있는 모든 빛깔로 물든 꽃들이 주위에 가득하다. 정원 한가운데로 눈을 돌려 장미 덤불을 바라보니 뾰족한 가시 사이로 고개를 내민 진홍색 꽃잎에 이슬방울이 아롱댄다. 이제부터 이 경이로운 정원을 돌봐야 한다는 이야기와 함께 열쇠를 건네받는다.

　정원을 가꾸면서 처음 몇 년간은 더할 나위 없이 행복감을 느낀다. 내 손길대로 반응하는 식물의 모습이 신기하고 감탄스럽기만 하다. 해가 뜨건 해가 지건 하루도 빠짐없이 정원에서 시간을 보낸다. 색깔, 모양, 질감이 무궁무진해 탐험에 끝이 보이지 않는다.

수년에 걸쳐 풍성한 즐거움을 누리던 어느 날, 판매를 위해 일정량의 꽃을 재배하고 열매를 수확해야 한다는 요구 사항을 전달받는다고 해보자. 갑자기 할 일이 생긴 것이다! 전에 없던 중압감이 생기자 정원에서 보내는 시간에 대한 인식이 달라진다. 정원 구석구석을 거닐며 모든 식물을 빠짐없이 돌보던 일상을 접고, 생산을 촉진하기 위해 해야 할 일에 집중한다. 호기심도 내려놓는다. 정원이 주는 다채로움에 대한 고마운 마음도 호기심과 함께 사라져버린다. 오직 판매용 꽃이나 열매를 생산하는 식물에 관심을 쏟는다.

나는 압박감 때문에 할당량을 충족할 만큼 꽃을 피워내는 장미 덤불에만 시간을 쏟아붓는다. 갈증에 몸부림치던 덩굴은 격자 울타리 위에서 말라비틀어지고 이내 부스러질 듯한 잿빛 조각이 되어 바닥에 떨어진다. 방치된 칼라디움 화단 하나에 진드기 떼가 숨어든다. 영양분이 가득한 식물로 배를 채우면서 다른 쪽 화단도 자기 몫이라며 덤벼든다. 나뭇잎은 얼룩덜룩한 갈색빛을 띠며 느릿느릿 썩어간다. 누군가 정원에 찾아와도 형식적인 인사말을 내

뽑고는 이렇게 말한다. "지금은 대화를 나누기 곤란합니다. 정원을 돌보고 있어요."

시간이 흐를수록 쓰레기가 쌓이면서 정원을 거닐기가 점점 어려워진다. 죽은 식물 더미는 밟아서 넘어가고 남아 있는 나뭇잎은 피해 가거나 그 아래로 수그려 지나가다 보니 장미 덤불까지 가는 시간이 처음보다 두 배는 더 걸리고 덤불을 돌보는 시간도 두 배나 늘어난다. 장미가 눈에 띄게 작아지고 있다. 생산량도 그만큼 줄어든다는 뜻이다. 웅덩이에 비친 내 얼굴을 힐끗 바라보니 안색이 창백하고 눈 주위에는 거무스름한 그늘이 있다. 기운이 꺾이고 불안정하며 생동감을 잃어버린 모습이다.

한때는 이 공간과 여기에서 살아 숨 쉬는 생명에 기쁨을 느낀 적도 있다. 정원을 거닐 때 얼굴을 간지럽히던 덩굴이 왜 이렇게 변해버린 걸까? 덩굴을 살펴보기 위해 위쪽을 올려다보는 순간, 허리에 날카로운 통증이 스쳐가며 그 자리에 그대로 굳어버린다. 수년 동안 몸을 구부린 채 장미 덤불을 돌보았기 때문에 이제는 격자 울타리를 올려다볼 정도로 등허리를 곧게 펴기 어려워진 것이다. 처음으로 내 몸에 느껴지는 고통을 의식하기 시작한다.

장미 덤불을 들여다보니 정원에서 나온 쓰레기가 덤불이 자리한 토양에 쌓이면서 병충해와 기생충을 불러들이고 있다. 정원은 도저히 손쓰기 어려울 정도로 망가졌고, 이제는 마지막 남은 작물마저 내게서 등을 돌리기 시작한다. 모두 할당량을 충족해야 한다는 압박감을 의식한 순간 정원을 대하는 태도가 비틀려버린 결과다.

신체는 균형 있게, 성장은 오래오래

정원은 다양한 식물이 어우러져 공생하면서 생태계를 이루는 공간이다. 식물 하나를 잘 키우려고 정원 전체를 소홀히 한다면 정원을 이루는 꽃과 덩굴, 나뭇잎이 예전의 싱그러움을 잃어버릴 것이다. 쇠락하는 정원에서 스멀스멀 피어난 기생충과 곰팡이를 박멸하지 못하면 정원 생태계 전체가 위험에 처해 스스로 발목을 잡는 결과를 초래할지도 모른다. 결국에는 화단 하나가 죽으면 나머지 화단도 같은 운명을 맞이한다.

우리도 마찬가지다. 빠르게 돌아가는 사회는 효율성과 결과에 높은 가치를 부여한다. 생산 일정에 쫓기다 보면 삶의 질을 유지하기 위해 필요한 시간을 내기 어렵다. 장미 덤불 위로 몸을 구부리는 자세를 일상적으로 반복할 경우 똑바로 설 수 있게 몸을 지탱해주는 근육이 약해지고 만다. 스스로를 관리하지 않고 방치하면 근육뿐 아니라 피부, 관절, 몸 전체가 우리를 저버릴 것이다.

이런 정원사나 장미 덤불이 되는 운명을 피하기 위해서는 몸이 건네는 이야기에 집중하고 귀를 기울이면서 관심을 쏟을 필요가 있다. 에너지를 사용하고 질병과 부상의 신호를 포착하고 회복하는 과정에서 우리 몸을 구성하는 요소를 파악하고 비판적으로 사고하려는 자세도 중요하다. 삶의 질을 우선순위에 올려두고 스스로가 어떤 상태인지 세심하게 관찰하라. 단순히 외모나 효율성에 가치를 두기보다는 우리 몸의 아름다움에 감탄하는 마음이 필요하다. 휴식부터 영양 공급, 자기수용self-acceptance에 이르기까지 모든 차원에서 발생하는 필요를 충분히 이해해야 신체가 건강하고 성장이 지속 가능하다는 사실을 마음에 새기자.

에너지

고장 난 것에 무리하게 힘을
쏟지 않도록

정원에 사는 식물은 매 순간 산소와 공기, 햇볕을 흡수하고 성장을 위해 힘을 활용한다. 오래된 잎이 떨어지면 새잎이 돋아나고 떨어진 잎은 부패하면서 토양에 영양분을 공급한다. 그러면 식물은 뿌리로 영양분을 빨아들인다. 그렇게 순환은 계속된다. 버려지는 부산물 하나 없이 에너지는 식물과 토양 사이에서 끊임없이 흐른다. 이와 동일한 원리가 인간의 몸에도 적용될 수 있다.

신체건강을 달성하는 데 첫 번째 핵심 요소는 우리에게 에너지를 불어넣는 요인이 무엇인지 주의 깊게 살피는 것이다. 에너지를 사용하는 방식이 몸의 균형을 좌우하기 때문이다. 우주에서는 끊임없이 에너지 교환이 이루어지고 있다. 이러한 지속적인 움직

임은 모두 함께 어우러지는 리듬을 창조해낸다. 매일같이 태양이 떠오르고 저물며 바닷물이 해안선을 따라 부풀어 올랐다가 빠져 나가듯, 우리 몸에 있는 심장도 쉬지 않고 혈액을 내보내고 채우면 서 박동을 만들어낸다. 생명체는 균형을 유지해주는 자연스러운 리듬에 따라 주기성을 가지며 살아간다. 인간도 리듬에 맞춰 움직 인다. 심장 박동을 통해 내적 리듬이 생겨나고 호흡이 외적 리듬 을 만들어낸다. 이 두 가지 리듬은 함께 조화를 이루어야 한다.

나는 인간이 첫 숨을 쉬기도 전에 심장이 먼저 뛰기 시작해 리듬이 생겨난다는 사실에 완전히 매료되었다. 이 리듬은 평생 생 명을 지탱해주며 호흡을 통해 유지되고 그 결과 우리는 에너지를 얻는다. 우리는 호흡으로 심장 박동을 조절할 수 있고, 마음의 평 화와 몸의 균형을 지탱해주는 건강한 리듬을 만들어낼 수도 있다.

취미와 습관은 에너지를 이용해서 몸의 리듬에 영향을 미치 는 일과를 만들어낸다. 취미, 습관, 일과의 영향을 이해하면 에너 지를 극대화하고 오래도록 유지하는 데 도움이 된다. 시간을 내어 리듬을 살피고 관리하지 않으면 박자를 놓쳐버리고 만다. 그렇게 되면 우리 몸은 현저히 둔화되어 성장을 향한 길에서 밀려나 버릴 지도 모른다.

우리 몸의 리듬을 파악하기 위해 취미와 습관, 일과를 확인해 보자. 언제 일어났고 어떻게 잠이 들었는가? 배가 고픈가? 하루

동안 언제 어떻게 움직이는가? 언제 어디에서 어떻게 에너지를 얻었는가? 상처 치료부터 스트레칭까지 자신을 돌보기 위해 어떤 활동을 하고 있는가? 그런 다음 스스로에게 이렇게 질문을 던져라. '내가 하는 취미, 습관, 일과가 성장에 도움이 되는가?'

이 질문에 답하려면 자신이 느끼는 필요를 파악해야 한다. 만약 자신이 식물이라면 양지식물에 속하는가, 반음지식물에 속하는가? 한 달에 한 번 물을 주는 다육식물인가 아니면 여름 더위에 거의 매일 물이 필요한 콜레우스인가? 실제 일상생활에서는 하루에 식사를 얼마나 자주 해야 하는가? 기분이 상쾌해지고 정신이 맑아지려면 얼마나 오래 자야 하는가? 이러한 필요를 취미, 습관, 일과에 반영해야 우리 몸의 리듬을 지탱하고 균형을 유지해나갈 수 있다.

호흡으로 인생의 속도를 조절하라

하던 일을 잠시 멈추고 공기의 냄새를 느껴보라. 어떤 냄새가 나는가? 이제는 숨을 깊숙이 들이쉬어보라. 공기에서 여전히 같은 냄새가 나는가? 냄새를 맡으려고 코로 숨을 들이쉴 때와 심호흡을 할 때 차이가 느껴지는가? 심장 박동 수는 어떠한가? 우리는 살면서 심장 박동이나 호흡을 의식하거나 두 가지가 어떻게 연결되어 있는지 생각해보는 경우가 별로 없다. 우리 몸의 가장 기본적인 리듬이 그저 배경 소음으로 전락할 때 우리는 쉽게 피로를 느끼고 균형을 잃어버린다. 균형이 많이 깨질수록 다시 중심을 잡기가 어려워진다. 이때 호흡은 에너지가 몸 안에서 순환할 수 있게 해주고 에너지를 사용하는 속도를 조절해주기 때문에 균형을 되찾는 과정의 시작점이 된다.

에너지를 다루는 방법에 눈뜨면서 에너지 관리가 삶의 추진력을 유지하는 데 얼마나 중요한지 깨닫게 되었다. 나는 삶의 여러 지점에서 지쳐 나가떨어질 때까지 스스로를 몰아붙인 경험이 있기에 속도를 조절하는 방법을 배워야 했다. 뿌리가 상했으니 회복될 때까지 기다려야 했고, 이 과정에서 귀중한 시간을 낭비하기도 했다. 호흡과 심장 박동의 관계를 이용하게 되면서 비로소 나는 속도를 조절해 에너지를 소진하지 않을 수 있었다. 우리는 별생각 없이도 숨을 쉴 수 있기 때문에 생리작용에서 호흡이 그리 중요하지 않은 부분이라고 생각할지 모른다. 그러나 호흡을 일분일초도 쉴 수 없다는 점에 비추어보면 숨 쉬는 행위가 몸의 리듬에 얼마나 많은 영향을 미치는지 자연스럽게 이해할 수 있다. 그래서 나는 여러분의 일과에 호흡 연습을 넣으라고 권하고 싶다.

전 세계에서 일어나는 사건 사고, SNS, 서둘러야 한다는 압박감을 비롯해 스트레스를 유발하는 각종 일상적 요인은 우리의 안 징직 리듬을 흔들어놓는 해방균이 된다. 인터넷에서 접한 정부에 부정적으로 반응하거나 이메일에 답장을 보내려고 서두를 때, 꽉 막힌 차도에 꼼짝없이 갇혀 있을 때 호흡과 심장 박동은 우리도 모르는 사이에 영향을 받는다. 이런 상황은 우리의 마음을 짓눌러 평온함과 긍정적 사고방식을 흐트러뜨린다.

마음은 몸에 영향을 주기 때문에 평온함이 사라지면 몸의 균형도 깨진다. 이렇게 되면 건강한 리듬을 되찾기는 더욱 어려워진다. 무언가로 인해 균형이 깨지는 순간이 올 때 나는 이런 방법으로 호흡을 연습한다. 3초 동안 숨을 들이마시고 그 상태에서 5초간 참는다. 그리고 6초에 걸쳐 숨을 내쉰다. 이 과정을 두어 번 더 반복하고, 이것을 세 세트 반복하는 사이에 몇 분 정도 짧은 휴식을 취한다. 이렇게 하면 마음이 진정되고 산소 순환이 원활해지며 머리가 맑아지는 느낌을 받는다.

호흡 연습이 일과로 자리 잡으면 크게 힘을 들이지 않아도 그 효과를 누릴 수 있다. 다만 삶의 질이나 환경에 반하는 일과라면 그 부정적인 영향이 수면 위로 드러나기 전에 자기 자신과 일과를 틈틈이 돌아보고 고쳐야 한다. 나는 어렸을 때 엄마를 따라 생애 첫 우리 집으로 이사하게 되면서 이런 교훈을 깨달았다. 집안일을 돌보는 나의 일과가 생각보다 허술했다는 점이 깨달음의 시작이었다.

에너지의 방향을 살펴라

　어린 시절 나는 대개 누군가와 함께 방을 썼고 방바닥에서 잠을 청했으며 비좁은 공간에서 생활했다. 아홉 살이 되던 해, 엄마는 깜짝 놀랄 만한 선물이 있다고 말했다. 생애 처음으로 우리 집이 생긴다는 소식이었다! 꿈만 같았다.

　처음에는 우리 집을 갖는다는 게 무슨 의미인지 잘 몰랐다. 그전까지 엄마와 나는 방 두 개에 화장실 한 개가 딸린 1층짜리 주택에서 양할머니와 함께 살았다. 3년 전에 사촌 네 명이 들어오기 전까지는 집이 좁다고 느끼진 않았다. 어쨌든 비바람을 막아줄 벽과 지붕이 있으니 그저 감사할 뿐이었다. 그러나 돌이켜 생각해보면 일곱 명이 화장실 하나를 쓴다는 건 무척 난감한 일이었다.

　엄마와 새집으로 이사한 후, 생각보다 집을 관리하는 데 훨씬 손이 많이 간다는 걸 알게 되었다. 여유 공간이 있으니 내가 해야 할 일도 많아졌다. 엄마는 "관리만 잘하면 우리 집은 끄떡없을 거야"라고 말하곤 했다. 그래서 나는 일과를 정해놓고 집안일을 하기 시작했다. 현관에 쌓인 나뭇잎과 흙을 빗자루로 쓸고, 창문에 달라붙은 꽃가루와 먼지를 닦아내고, 잔디를 깎는 게 내 일이었다. 집 소유자에게 주어지는 새로운 임무에 몰두하다 보니 집을 관리하는 일이 몸을 돌보는 일과 비슷하다는 생각을 하게 되었다.

잔디밭에 있는 풀은 쉼 없이 자랐기 때문에 공간을 깔끔하게 유지하려면 징기적으로 다듬어줘야 했다. 미리도 제때 손질하지 않으면 부스스하고 덥수룩해지기 마련이다. 나는 언제나 몸을 깨끗하게 유지하기 위해 수시로 목욕을 하듯이 집에 달린 창문을 닦아내고 마당을 쓸고 잔디를 깎았다. 이렇게 티끌을 모으고 먼지를 떨어내는 일이 엄마와 나의 일상이었다.

몇 달이 지난 어느 날, 집 상태를 한번 점검하기로 마음먹었다. 평소에 나는 집채 옆에 붙어 있는 차고 문을 통해 집에 드나들곤 했다. 그런데 이날은 이사 온 후 처음으로 차고 뒤편에 난 보조 출입구로 나가보자는 생각이 들었다. 현관 앞 잔디밭과 뒤뜰 사이에 있는 측면 부지로 이어지는 문이었다. 보조 출입문은 내가 기억하는 것보다 열기가 훨씬 더 힘들었다. 가까이 살펴보니 꿈쩍도 하지 않을 기세였다.

잠금장치를 풀어놓고 현관문을 통해 집 밖으로 나가서 차고에 달린 보조 출입문을 있는 힘을 다해 밀어붙였다. 가까스로 문이 열렸다. 잠시 동안 문틀을 자세히 살펴봤다. 용접 부위가 비바람에 노출된 데다 부스러진 파편이 경첩에 꽉 끼어 있었다. 문을 자주 사용했더라면 없었을 더께였다. 골칫거리는 또 있었다. 저장 용기 뒤쪽 구석에 개미 떼가 우글대고 있었다. 그동안 차고에 자주 와보지 않아서 이 모든 것을 까맣게 모르고 있었다.

문을 고치느라 오후를 꼬박 보낸 후, 그동안 어떻게 집을 관리해왔는지 되돌아보았다. 뱀과 도마뱀을 끔찍이 싫어하는 엄마는 이 집으로 이사 온 후 되도록 차고에 가지 않으려 했다. 나는 집안 곳곳을 쓸고 닦는 데 몰입했지만 정작 차고 문 관리를 일과에 포함해야 한다는 생각은 하지 못했다. 문득 이런 생각이 들었다. '관심을 갖고 무언가에 신경을 쓰긴 했지만 그건 그저 일부분에 불과했구나.'

나는 내 일과가 우리 집을 정돈된 상태로 유지하는 데 도움이 된다고 생각했고, 일과의 규칙적인 리듬에 젖어 익숙해졌다. 하지만 익숙함에 빠진 탓에 이런 일과가 불완전하다는 사실은 깨닫지 못했다. 집 상태를 점검해보지 않았더라면 고장 난 문을 열기가 더 어려워졌을 테고 개미 떼가 차고를 장악했을지도 모를 일이다. 그동안 해오던 일을 되돌아보려고 잠시 멈춘 덕분에 내가 무엇을 놓쳤는지 알 수 있었고, 일과를 더 나은 방향으로 개선해 한층 좋은 리듬에 몸을 실을 수 있었다.

이처럼 우리 몸에서 '고장 난 문'과 같은 부위가 있는가? 최근에 주의 깊게 돌보지 않은 부분은 어디인가? 신체건강 상태를 알아보기 위해 정기적으로 이런 질문을 해보는 것도 좋다. '몸이 피곤한가? 만일 그렇다면 어떻게 에너지를 충전할 수 있을까?' '몸이 아픈가? 만일 그렇다면 내게 딱 맞는 치료법은 무엇일까?' 무엇보다도 스스로에게 던져야 할 중요한 질문은 이것이다. '지금 나는 성장하고 있는가? 무성하게 발전하고 있는가?' 우리는 더 잘할 수 있는데도 '이 정도면 충분하지'라고 생각할 때가 있다. 그럴 때면 자신이 올바른 방향으로 에너지를 사용하고 있는지 질문해 보라.

이따금 나는 화원 한구석의 할인 매대에서 시들어가던 고구마sweet potato 덩굴을 떠올린다. 처음 발견했을 때 화분 한가운데에서 성장의 기운이 움트는 모습에 눈을 뗄 수 없었다. 언뜻 보기에는 충분한 기간을 두지 않고 비료를 너무 많이 줘서 급속하게 성장한 것 같았다. 나는 고구마 덩굴을 살려내기로 마음먹고 그길로 집에 가져와 보살폈다. 죽은 잎을 최대한 많이 잘라내고 다듬은 다음 흙에 물을 조금 주었다.

몇 주가 지나자 화원에서 봤던 자그마한 이파리가 어느새 어엿한 식물로 자라나 새로운 잎을 끊임없이 틔워냈다. 내 예상이 들어맞았다. 고구마 덩굴은 죽어가는 줄기와 잎에 너무 많은 에너지를 소비했던 것이다. 만약 에너지의 방향을 바꿔 새로운 성장을 움트게 하는 데 사용했다면 죽음의 문턱까지 가지 않았을 것이다. 이 경험을 통해 우리가 가진 에너지를 사용하는 방법이 얼마나 중요한지 다시금 깨달았다. 에너지 사용법을 알고 있으면 힘을 낭비하지 않고 성장의 기회를 도모할 수 있다.

초록의 지혜

신체건강을 달성하는 데 두 번째 핵심 요소는 색깔을 이용해 몸 상태를 살피는 것이다. 나는 신체건강을 고려할 때 식물에서든 사람에서든 색깔이 건강 상태를 알려주는 지표라고 생각한다. 이렇게 단언하는 이유는 색깔이 일정한 패턴을 만들어내기 때문이다. 만약 패턴이 일관성을 잃고 변한다면 그 이면에 더 큰 문제가 도사리고 있을지도 모른다. 분홍색 장미 덤불 사이로 튀어나온 누런 꽃잎은 덤불에 영양이 부족해 꽃에 양분을 공급하기 어렵다는 표시일 수 있고, 스킨답서스의 푸른 잎이 누르스름한 빛깔을 띤다면 과도한 습도나 병충해가 원인일 가능성이 있다. 피부에 생긴 불그죽죽한 자국은 근육이 타박상을 입었다는 신호일지도 모른다.

색깔을 객관적으로 바라보는 법을 익히려면 성급하게 판단하기보다는 신중하게 진단하는 과정을 거쳐야 한다. 우리는 누렇게 변한 잎을 자세히 살펴보려고 하지 않은 채 푸른 잎이 바래버렸다고 즉각적으로 판단해버린다. 문제의 원인을 밝혀내려면 인내심과 세심함이 필요하다. 단지 물이 부족할 뿐인데 병충해를 퇴치하는 방법을 쓴다면 식물이 더 큰 피해를 입는 바람에 골칫거리를 스스로 만들어내는 꼴이 될 수 있다. 우리 몸도 그렇다. 세상에 존재하는 모든 것은 저마다 의미가 있다. 색깔에도 서로 다른 목적이 존재한다. 균형 잡힌 상태를 유지하면서 신체건강을 누리기 위해서는 우리 눈에 보이는 현상을 이해할 필요가 있다.

색깔이 보내는 위험 신호

색깔은 우리의 몸 상태를 알려준다. 예컨대 식사를 잘하고 양질의 수면을 취하며 스트레스를 줄이면 얼굴에 건강한 빛이 돈다. 반면 과로했을 때는 눈 밑에 거무스름하게 그늘이 지며, 스트레스를 받거나 잠이 부족하면 낯빛이 창백해진다. 나는 주변 사람뿐 아니라 정원에서도 이런 현상을 자주 목격한다. 물과 영양분, 햇볕을 충분히 공급받은 식물은 강인하고 풍성하며 생동감이 넘친다. 꽃잎과 잎사귀, 덩굴의 색깔이 연해지거나 불규칙해지면 무언가 문제가 생겼다는 사실을 바로 감지할 수 있다. 자연의 모든 존재는 끊임없이 변화하며, 이러한 변화의 조짐은 색깔을 통해 드러난다. 기억해야 할 핵심은 정상적인 색깔 변화와 질병이나 부상으로 인한 색깔 변화를 구분해야 한다는 것이다.

나무를 타고 올라간다고 알려진 덩굴식물 필로덴드론philoden-dron은 종류만 해도 수백 종에 달한다. 종에 따라 색깔의 패턴도 서로 다르다. 충분히 연습해야 서로 다른 종 사이의 미묘한 차이를 포착할 수 있을 정도다. 하트 모양 잎이 달린 심장형 필로덴드론 Brasil philodendron은 짙은 녹색 잎 중앙부가 노란색 꼬리처럼 기다랗게 물든 모습이 특징이다. 이러한 색깔 패턴을 파악하고 나니 다른 종과 구별하기 쉬웠고, 햇볕에 잎이 상해 갈변하는 경우처럼 식물의 상태가 좋지 않을 때를 식별해낼 수 있게 됐다.

심장형 필로덴드론처럼 모든 생명체는 건강하거나 스트레스를 받을 때 나타나는 색깔 패턴이 있다. 나는 교사로 근무할 때 학생들을 관찰하면서 이 원리를 매일 적용했다. 학생들이 충분히 자고 잘 먹고 신나게 뛰어놀면서 신체 균형을 이루면 어떤 모습인지 잘 파악했고 이와 반대로 얼굴이나 손, 눈의 색깔이 변하는 현상을 통해 몸이 아프고 신체 균형이 깨진 학생을 분별했다. 내가 "어젯밤에 얼마나 잤니?"라고 물으면 학생들은 "제가 잠 못 잔 거 어떻게 아셨어요?"라고 되묻곤 했다. 시간을 어떻게 사용하는지 물어보니 숙제와 교회 활동을 마치고 나서도 잠을 미루고 인터넷을 하는 데 시간을 소비하는 경우가 많았다. 나는 이런 학생들에게 에너지를 더 좋은 방향으로 사용해 균형 잡힌 상태로 돌아가도록 휴식을 우선시하면서 일과를 계획하라고 조언하곤 했다.

간혹 우리 몸은 통제할 수 없는 이유로 부상이나 병, 만성 통증 등의 불균형 상태에 빠질 수도 있다. 이때 우리가 할 수 있는 일은 무엇일까? 연이은 무더위로 정원이 시들어간다고 해도 내 힘으로는 날씨를 바꿀 수 없고, 동물과 곤충이 정원을 망가뜨린다고 해서 정원 식물에 대적하려는 동물이나 곤충의 마음을 되돌릴 수도 없다. 내가 할 수 있는 일은 오로지 정원을 관찰하면서 눈에 보이는 문제를 해결하는 것뿐이다. 이와 마찬가지로 만성 통증이나 질환에 시달리고 있다면 우리가 해야 할 일은 치료 및 재활 훈련은 전문가에게 맡기고 몸에 주의를 기울이는 것이다. 우리가 어떤 상태에 있더라도 에너지를 가장 잘 사용할 수 있도록 몸을 관찰해야 한다. 만성 요통에 냉찜질을 해보건 잦은 배탈에 레몬 물한 잔을 들이키건 상관없다. 근본적으로 치료할 수 없다 해도 우리 몸이 느끼는 필요에 차분하고 주의 깊게 귀를 기울일 필요가 있다.

특히 색깔에 귀를 기울여라. 식물이라면 목이 너무 마르거나 몸담은 화분이 너무 작거나 새로운 장소로 옮기고 싶을 때 색깔로 말한다. 계절이 바뀌면서 따가워진 햇볕에 내 몸에 돋아난 잎사귀가 바짝 타들어가고 있다 해도 색깔로 말한다.

'변색'을 가벼이 여기지 말 것

어린 시절 부상을 당한 경험을 계기로 주의를 기울이는 일이 중요하다는 것을 깨달았다. 그때 나는 상처를 외면하려고 애썼다. 하지만 피부색이 변하면서 무언가 문제가 생겼다는 사실이 분명해졌다. 부상에서 회복해 다시 균형 잡힌 상태로 돌아오기까지 몇 주나 걸렸지만 몸에 나타난 색깔을 간과해서는 안 된다는 깨달음을 얻은 시간이었다.

나는 동네 정류장에서 버스 문이 열릴 때 친구들보다 먼저 내리기 위해 최대한 앞자리를 사수했다. 술래잡기 때문이었다. 일주일간 이어져온 술래잡기는 점점 치열해지고 있었다. 학교 화장실이나 교실 문 앞 등 상대를 급습할 수 있는 곳이라면 어디에서든 몸을 숨기고 기다렸다. 이번에는 내가 술래였기 때문에 친구들의 몸을 손으로 쳐서 술래를 넘기기 위해 단단히 벼르는 중이었다.

버스에서 내린 후 주변을 어슬렁거리다가 친구 눈에 띄지 않는 곳에서 기다리며 기회를 노렸다. 묵직한 책가방이 어깨를 짓누르는 느낌을 받으며 우두커니 서 있다 보니, 문득 술래잡기보다는 그냥 친구와 이야기나 하면서 가고 싶다는 생각이 들었다. 그때 버스 계단을 내려오던 친구가 나를 발견하고는 재빨리 거리를 두면서 방어 태세를 취하는 모습이 눈에 띄었다.

나는 "내일까지 휴전하자"라고 외쳤다. 히죽 웃는 모습을 보니 휴전 제의를 받아들인 것 같았다. 친구에게 다가가기 위해 근처 경사로를 따라 내달리기 시작했다. 그런데 친구는 술래인 내가 자기를 추격한다고 생각했는지 별안간 어깨에서 가방을 떨구더니 전속력으로 도망치기 시작했다.

길에 떨어진 가방을 순식간에 피하기에는 거리가 너무 가까웠다. 나는 가방에 발이 걸려 경사로에서 그대로 고꾸라지고 말았다. 두꺼운 교과서 뭉치로 묵직했던 내 책가방도 나와 함께 두 바퀴나 굴러 떨어지면서 머리와 목, 어깨를 강하게 내리쳤다. 나는 충격으로 넋이 나간 상태에서 황급히 일어나 주위를 둘러보았다.

동네 아이들 모두가 하던 일을 멈추고 눈을 휘둥그렇게 뜬 채 내 쪽을 쳐다보았다. 친구가 달려왔다. "너 괜찮아?"

"휴전하자고 했잖아!" 내가 소리쳤다. 알고 보니 친구는 내 말이 잘 안 들려서 술래잡기를 시작한다고 착각한 것이었다.

"괜찮은 거 맞아?" 친구가 다시 물었다. "너 진짜 심하게 굴러 떨어졌어."

괜찮은 게 맞는지 확신할 수 없었지만 그렇게 생각하기로 했다. 하루 종일 일하고 밤늦게 돌아오는 엄마에게 예기치 않은 일거리를 안겨줄 수는 없었다. 몸 왼쪽이 욱신거렸다. 고통을 애써 외면하고 책가방을 집어 들어 어깨에 메는 순간 몸을 움찔할 정도로 날카로운 통증이 스쳐갔다. 집으로 걸어가는 동안 엄마가 오기 전에 나 혼자 상처를 치료할 수 있으면 좋겠다고 생각했다.

"안색이 안 좋아 보여." 친구가 조심스럽게 말을 건넸다. 나는 친구에게 손을 흔들면서 집을 향해 발걸음을 옮겼다.

현관문에 들어서서 책가방을 내려놓고 안도의 한숨을 내쉬었다. 기진맥진한 상태에서 무언가를 좀 먹으면 기운이 생겨 한결 나아질 거라는 생각이 들었다. 간식을 가져와 텔레비전 맞은편에 놓인 소파에 털썩 주저앉았다. 때마침 내가 제일 좋아하는 〈파워 레인저Power Rangers〉와 〈닌자 거북이Teenage Mutant Ninja Turtles〉의 크로스오버 편이 방영되고 있었다! 하지만 욱신거리는 통증이 견디기 버거울 만큼 커졌고, 절망스럽게도 나는 평생 단 한 번도 보기 힘든 대작에 집중할 수 없었다.

음식을 먹어도 소용이 없었고, 더 이상 고통을 외면하기 어려운 상황에 이르렀다. 마지못해 셔츠의 옷깃 부분을 슬쩍 들춰 어깨를 살펴보았다. 피부가 까맣고 푸르죽죽하고 벌겋게 변했고 심하게 부어올라 있었다. 간식을 먹거나 휴식을 취해도 통증이 가라 앉지 않아서 이번에는 목욕을 해보기로 했다. 그길로 욕실에 달려가 옷을 입은 채로 물에 들어갔다. 나도 모르게 의식이 혼미해지면서 헛소리가 나왔고, 정신을 똑바로 차리기가 점점 힘들어졌다.

찌르는 듯한 통증은 따뜻한 물에 들어가도 전혀 나아지지 않았다. 어깨를 다시 내려다 보니 색깔이 한층 더 진해져 있었다. 상태를 확실히 보려면 셔츠를 완전히 벗어야 했지만 어깨를 들어올릴 수도 없으니 셔츠를 벗을 방법이 없었다. 내가 할 수 있는 단하나의 방법은 옷을 잘라내는 것이었다. 근사한 셔츠가 망가진다는 생각에 마음이 내키지 않았지만 어쩔 수 없었다.

그때 오른팔이 얼얼해지면서 핏기가 가시기 시작했다. 나는 상처 부위를 살펴보기 위해 셔츠를 왼쪽 아래에서 오른쪽 어깨까지 대각선으로 잘라냈다. 이제까지 내내 통증을 외면하고 기분 좋은 생각만 하려고 애썼지만, 심각하게 변색된 피부를 보고 있자니 무언가 잘못됐다는 느낌을 떨쳐낼 수 없었다. 나 혼자 해결할 수 없는 일이었다. 무력감을 느끼며 할머니에게 전화를 걸었다.

할머니는 한달음에 달려왔다. 나는 할머니의 첫마디를 듣기도 전에 질문부터 내뱉었다. "엄마에게 말해야 할까요?"

"글쎄다." 할머니는 내 모습을 재빨리 훑어보더니 이렇게 대답했다. "그래야겠지. 병원에 가보자꾸나."

몇 시간 동안 두어 차례 엑스레이 검사를 한 결과, 아까 경사로에서 구를 때 책가방이 어깨 위로 떨어지면서 쇄골이 부러졌다는 진단이 나왔다. 마침 엄마는 병원 뒤에 있는 요양원에서 근무했기 때문에 바로 우리를 만나러 올 수 있었다. 엄마는 화를 내지 않았다. 설사 화가 났다 해도 그런 마음을 내비치지 않았을 뿐 아니라 내가 난폭하게 행동하거나 농땡이를 부리다가 이런 일을 당한 게 아니라는 것을 이해해주었다. 엄마와 할머니는 집에 갈 시간이 될 때까지 내 곁에 있어주었다.

몸은 외상을 입으면 색깔을 통해 드러낸다. 피부색이 변하는 증상은 몸이 에너지를 평소와 다르게 사용하고 있다는 신호다. 신체의 특정 부위가 다른 부위에서 에너지를 과도하게 끌어와 사용하면 몸 전체에 부담을 줄 수 있다. 변색의 의미를 정확히 알지 못하더라도 신호를 발견한다면 잠시 멈춰 주의를 기울여보자. 몸의 균형을 유지하는 데 분명 도움이 될 것이다.

인생의 단계마다 찾아오는 색깔의 변화

몸 색깔은 건강 상태를 알려주기도 하지만 궁극적으로는 성장의 단계를 암시한다. 식물의 가지 끝이 환한 초록빛으로 물들면 생장이 진행 중이라는 명백한 신호로 받아들이면 된다.

브루그만시아 Angel's trumpets의 줄기는 나뭇가지처럼 거친 질감에 어두운 녹갈색을 띤다. 줄기는 위쪽을 향해 길게 자라나며, 줄기에서 새로 돋은 매끄러운 연둣빛 가지는 시간이 지나면 원줄기처럼 색이 짙어진다. 나는 매년 봄에 올라오는 초록빛 새싹을 보고 식물이 건강하게 살아 있다는 사실을 확인한다. 브루그만시아는 선명한 녹색 잎이 누렇게 바래 떨어지는 겨울이 올 때까지 은은한 분홍색 꽃을 피워내며, 마지막에는 앙상한 녹갈색 줄기만 남아 다시 돌아올 봄을 기다린다.

브루그만시아의 색깔 변화는 식물의 성장 양상을 보여주는 표지인 동시에 식물 생장 주기의 한 부분이다. 색깔이 변한다는 건 브루그만시아가 건강하며 자생한다는 의미다. 우리 몸도 식물과 마찬가지로 평생 여러 단계를 거친다. 언제나 인생의 다음 장에 대비하면서 끊임없이 생동하고 변화한다. 따라서 몸에 드러난 색깔은 위해나 질병, 부상의 가능성을 암시할 뿐 아니라 성장과 성숙이 어느 정도 진행되었는지 보여주는 표지다. 누구나 처음 흰머리를 발견하면 부끄럽고 서글픈 마음이 왈칵 밀려오면서 괴로움에 빠지기 마련이다. 인생의 한 시절을 마무리한 자신의 모습이 애달프게 느껴지는 건 당연하지만, 그렇다고 앞으로 다가올 날들을 두려워하거나 부정할 필요는 없다. 성장의 표지가 비록 희끗한 머리카락이라 해도, 녹갈색 줄기 위로 초록빛 새싹의 기운을 엿볼 때처럼 기쁜 마음으로 우리의 성장을 축하해주자. 눈에 띄는 변화가 없다는 건 오히려 성장하지 못했다는 의미일 수 있다.

　모든 단계를 거치지 않으면 성장 과정은 미완에 머무르게 된다. 히비스커스에 속하는 미국부용Peppermint Schnapps Hardy Hibiscus은 흰색과 분홍색이 어우러진 컵받침 크기의 아름다운 꽃을 피워낸다. 여름날 오전에 미국부용 꽃을 마음껏 감상했다면 운이 좋은 것이다. 미국부용은 오후 내내 시들어가다 해가 지면 떨어져버리기 때문이다. 떨어진 꽃은 밤새 썩어 갈색으로 변하지만, 동이 트면 새로운 꽃망울이 다시 고개를 내민다.

　미국부용은 오래된 꽃을 떨구어 새로운 꽃이 피어날 공간을 마련하지 않으면 계속해서 꽃을 피워낼 수 없다. 초록빛 줄기에서 피어난 산뜻한 꽃망울이 낙화해 갈색으로 변하는 모든 과정에서 색깔은 기존의 생장 단계가 마무리되고 새로운 단계가 시작된다는 표지다. 이 과정을 보면 우리의 인생 주기가 떠오른다. 신생아의 피부에서 흔히 나타나는 자줏빛이나 붉은빛은 시간이 흐르면서 점차 희미해져 아기의 피부색으로 변해간다. 아이에서 어른으로 성숙하는 과정에서 나타나는 색깔 변화는 우리가 새로운 방식으로 성장할 준비를 마쳤다는 신호다. 세월의 흐름에 따라 변화는 끊임없이 계속된다. 피부색이 밝아지거나 어두워지고, 검버섯이 나타나며, 입술 색이 창백해질 수도 있다. 그러나 많은 사람이 생각하는 의미와 달리 노화는 곧 성장이라는 사실을 기억해두자.

인간이 히비스커스처럼 여러 단계를 거쳐 성장하는 데는 이유가 있다. 처음으로 어린잎이 돋아나면 우리는 햇볕을 모아 꽃을 피워낼 에너지를 만들기 위해 성장을 촉진하고 북돋아야 한다. 꽃을 피우고 나면 다음 세대의 꽃이 피어나도록 꽃잎을 떨어트려 토양에 영양분을 제공한다. 이 과정은 시간이 소요되며 단계적으로 이루어진다. 성장을 충분히 북돋우고 싶다면 성장 과정에서 마주하는 모든 단계를 존중해야 한다.

다정한 것이
살아남는다

건강한 신체를 달성하는 세 번째 핵심 요소는 우리 몸 전체와 몸을 구성하는 모든 부위의 생김새를 있는 그대로 받아들이는 것이다. 식물이 그렇듯 인간도 몸의 길이나 너비, 체형, 체격, 얼굴의 생김새가 천차만별이다. 이상적인 얼굴이나 몸매의 본보기를 끊임없이 주입하는 세상에서 살다 보면 건강과 아름다움은 획일적 형태가 아니라 사람마다 가지각색으로 구현된다는 진리를 잊어버릴 수 있다.

내가 아끼는 식물 중에 '곱슬머리'라는 별명으로 알려진 공작선인장epiphyllum이 있다. 통통하고 구불구불한 줄기가 소용돌이 모양의 덩굴손을 이루며 자라나는 모습이 특징인 식물이다. 지금까지 이런 모양은 다른 어떤 식물에서도 본 적이 없다.

예전에 친구 어머니에게 선물 받은 아래시문 연여섯 포기 중 하나가 바로 공작선인장이었다. 당시 정원 관리에 서툴렀기 때문에 아홉 포기는 죽고 말았지만, 살아남은 공작선인장은 어떻게든 잘 키워서 번식에 성공하고 싶었다. 나는 곱슬곱슬한 줄기가 근사하다는 생각에 선인장을 최대한 많이 번식시켜 성원 곳곳에 심어 두었다. 그런데 친구와 동네 이웃 몇 명이 공작선인장이 보기 싫다고 말했을 때 얼마나 충격을 받았는지 모른다. 모양이 별로 마음에 안 든다는 이유였다. 내가 근사하다고 생각한 특징이 오히려 사람들의 마음을 멀어지게 한 것이다.

서글픈 마음이 들었지만 아름다움의 기준은 사람마다 다르기 때문에 억지로 좋아해 달라고 강요할 수는 없었다. 타인이 판단하는 매력의 기준을 바꿀 수도 없고 내가 생각하는 미의 기준을 내려놓을 필요도 없다는 생각이 들었다. 이상적 아름다움이 무엇이건 상관없이 공작선인장의 독특함은 그 자체로 눈길을 끄는 매력이 있었다. 보는 사람마다 부정적으로든 긍정적으로든 한마디씩 건네고 싶어하는 모습만 봐도 알 수 있었다.

식물은 '다름'을 신경 쓰지 않는다

식물은 저마다 다채로운 매력을 뽐낸다. 우리 집 정원을 찬찬히 바라보고 있으면 기다란 우윳빛 무늬를 드리운 무늬접란spider plant 이파리, 불그스레 물든 분홍빛 장미, 화단 위에 소복이 쌓인 노란색과 갈색 나뭇잎, 루엘리아가 피워낸 자색 꽃잎이 형형색색 수놓은 풍경이 한눈에 담긴다. 눈길 닿는 곳마다 색깔, 모양, 크기가 서로 다른 식물이 다채롭게 어우러져 정취를 감상하기에 더할 나위 없다.

이렇게 정원을 바라보고 있으면 사람의 모습은 또 얼마나 다양한지 되돌아보게 된다. 우리 자신을 식물과 같은 존재라고 생각하고 몸의 서로 다른 생김새를 '판단'하지 않으면서 편안히 바라볼 수는 없을까? 판단의 잣대를 들이대기보다는 고된 노동으로 단련된 강인하고 육중한 허벅지부터 얼굴에 개성을 불어넣어 주는 점에 이르기까지 우리의 다양성에 어떤 긍정의 가치를 부여하면 좋을지 생각해보자. 식물이 지닌 고유한 색깔, 모양, 크기는 정원의 아름다움을 유지하는 데 나름의 방식으로 기여한다. 이런 차이에는 그만한 이유가 있다는 면에서 오히려 선물이라고도 볼 수 있다.

가령 선인장cactus은 다른 식물보다 잎의 크기가 작아 건조한 여름 더위 속에서도 수분을 유지하는 데 유리하다. 반면 콜로카시아elephant ears의 잎사귀는 빗물을 받아서 토양으로 흘려보내기 좋은 넓적한 모양이기 때문에 기온이 내려갈 때 뿌리가 물을 빨아들이기 쉽다. 내 손은 큼지막해서 목공 도구를 단단히 쥐고 사용하기에 적합하지만, 엄마의 자그마한 손은 머리카락을 땋거나 실을 꼬는 데 적격이다. 나는 사람마다 손을 다양하게 사용하는 방식에 감탄할 때가 많다. 특히 자신만의 독특한 특징을 서로 돕는 데 쓸 수 있다는 점에서 더욱 그렇다.

인간과 달리 식물은 자신과 겉모습이 다르다고 해서 판단하려 들지 않는다. 선인장이 콜로카시아와 다르게 생겼다고 신경을 쓸까? 오로지 자신의 고유한 모습과 성장에 초점을 맞출 뿐이다. 이 점을 마음에 새겨 자신의 몸을 자꾸 판단하려는 습성을 내려놓자. 공작선인장에 대한 사람들의 판단이 유독 뼈아프게 느껴진 이유는 호불호가 갈리는 덩굴손이 마치 내 모습 같았기 때문이다. 나는 미운 오리 새끼로 살아간다는 게 어떤 건지 누구보다 잘 안다.

미운 오리 새끼가 살아가는 방법

7학년 때 나는 친구들과 어울려 '땜통 놀이'를 즐겨 했다. 실제로 머리에 땜통을 만드는 건 아니었지만 머리카락을 한껏 벌려

두피가 훤히 드러나 보이도록 가르마를 타곤 했다. 두피 색과 피부색이 항상 똑같지는 않았기 때문에 색깔을 비교하는 재미가 쏠쏠했다. 지금 돌이켜 보면, 자신의 정체성과 몸을 탐구하는 시기에 아이들이 흔히 하는 가장 멍청한 짓이 아닌가 싶다.

처음으로 땜통 놀이 주자가 되던 날, 두 주먹을 머리에 대고 힘껏 문지르자 머리털이 벌어지면서 두피가 훤히 드러났다. 다시 머리카락을 헝클어뜨리니 가르마는 감쪽같이 사라졌다. 그런데 며칠 후 똑같은 과정을 반복했을 때, 내가 만들어놓은 '땜통'은 지난번과 달리 쉽게 원상태로 돌아오지 않았다. 왠지 머리털이 헐거워진 느낌이 들었고 손가락 사이에 무언가 잡힌 듯도 했다. 머리를 헝클어뜨리던 손을 조심스럽게 빼자 머리털 수십 가닥이 딸려 나왔고 떨어진 두피 일부가 달라붙어 뒤엉겨 있었다.

이후 몇 개월에 걸쳐 머리카락은 더 많이 빠졌다. 빠진 자리에는 머리가 나지 않았다. 그때까지 나는 흠 잡을 데 없이 완벽한 출석률을 자랑했지만, 학교에서 내 두피 상태를 보고 소스라치게 놀라 집에 보내버리는 바람에 기록은 무참히 깨지고 말았다. 홍반성 두피 백선 같은 전염성 피부병에 걸린 게 아닐까 우려했던 것이다.

엄마와 함께 문턱이 닳도록 병원을 드나든 결과, 다행히도 전염병은 아니었다. 머리카락이 나지 않는 부분의 모양이 백선 증세와 유사했지만 다른 원인 때문에 나타난 증상이었다. 정확한 답을 찾기 위해 조직 검사를 받았다. 탈모가 생긴 사티의 두피 조직에는 신생아 머리에 난 숨구멍과 비슷하게 물렁한 자리가 몇 군데 생겼는데, 조직 검사를 하느라 이 부분들을 연결하는 조직을 절제하면서 길게 찢어진 상처가 남았다. 검사를 할 때는 말 그대로 두개골이 쪼개지는 줄 알았다. 검사 받은 자리에는 피부 조직이 패이면서 내 머리에는 분화구같이 움푹 파인 부위가 생겼다. '정상적이던' 매끈한 두피가 기형적으로 일그러져버린 것이다. 탈모에다 분화구까지 생겼으니 친구들 사이에서 눈에 띄는 건 당연했다. "땜통! 땜통!"이라며 놀림받고, 얼룩무늬 개 달마티안이라는 별명까지 붙었다. 아이들의 놀림이 너무 괴로워 마음을 진정시키는 데 에너지를 소진한 탓에 수업에 집중하지 못한 적도 여러 번 있었다.

공작선인장처럼 도드라진 내 모습을 호의적으로 생각하지 않는 사람은 학교 밖에도 많았다. 예전에는 나를 평범하게 대하던 사람들이 그 이후로는 비정상적인 머리 모양에 눈길이 쏠려 나와 눈도 마주치지 않았다. 머리가 왜 그렇게 됐는지 알아보고 싶을 때만 간신히 내 눈을 쳐다보았다. 상황을 가늠하는 도중에 저도 모르게 판단해버리는 경우도 많았다. 어떤 일이 있었는지 내게 직접 물어보는 대신 전염병에 걸렸거나 위생 상태가 불량하다고 넘겨줬었다. 선의를 품고 다가온 사람들마저 나와 눈을 제대로 마주치지 않는 결례를 범했다. 이런 시련을 겪으면서 나는 다른 사람에게 이렇게 행동하지 말아야겠다고 다짐했다.

하지만 머리카락이 빠지고 두피가 꺼져버린 건 내가 선택한 결과가 아니었기에 어쩔 수 없는 노릇이었다. 이렇게 내가 어떻게 할 수도 없는 상황에 해야 할 일도 못 하는 일이 계속되자 스스로를 괴롭히는 짓은 그만두어야겠다는 생각이 들었다. 그래서 나는 미운 오리 새끼가 된 현실을 받아들이기로 마음먹었다. 지금까지도 나는 머리 모양이 다른 사람과 달라도 괜찮다고 마음속으로 끊임없이 되새긴다. 키나 머릿결, 피부색 같은 생김새는 우리가 바꿀 수 없다. 이런 외적 특징이 변하기를 열망하면서 시간을 쓴다는 건 존중하고 감사해야 할 자신의 일부분을 손상하는 행위나 다름없다. 자신의 어떤 특징이 타인에 비해 더 좋거나 나쁘다고 속단할 경우 시간과 에너지를 낭비하게 되어 성장이 더뎌지는 결과를 초래할 수 있다.

있는 그대로 받아들였을 때 보이는 것

나는 다양한 색깔과 품종의 칼라디움을 모조리 구해 심었다.

반투명한 하얀 잎사귀에 담녹색 잎맥이 펼쳐진 품종도 있고, 엷은 분홍빛 테누리가 와인색 잎을 둘러싼 종류도 있다. 짙은색 잎사귀에 밝은 청록색 줄무늬가 그려진 품종은 색깔 면에서 다른 품종과 확연히 다르지만 잎의 모양을 보면 칼라디움이라는 것을 식별할 수 있다.

실체가 있는 모든 존재는 모양과 형태가 있다. 색깔처럼 모양도 사물을 구별할 때 이용하는 외형 중 하나다. 모든 형태에는 나름의 이유가 있기 때문에 어떤 모양이 다른 모양보다 더 좋다고 말할 수 없다. 콜로카시아 잎사귀가 거대하게 자라는 모습을 보면 그저 감탄이 나오지만, 나는 칼라디움이 콜로카시아와 똑같은 너비와 길이로 성장하길 기대하지는 않는다. 두 식물은 필요한 영양분이나 물의 양이 다르고, 번성하는 시기에도 차이가 있으며, 상이한 조건에서 꽃을 피운다. 서로 다른 식물이기에 내 정원에서도 각기 나름의 존재 이유를 지닌다.

식물 고유의 모양을 받아들이는 법을 배운다는 건 식물을 있는 그대로 감상한다는 의미와도 같다. 만약 칼라디움을 콜로카시아처럼 보살피는 데 시간을 쓴다면 에너지를 낭비하는 일이나 다름없다. 칼라디움은 결국 죽어버리거나, 만약 살아남는다 해도 절대 콜로카시아의 형태로 자라나지는 않을 것이다. 사람도 마찬가지다. 신체적 자아physical selves의 모든 부분을 포용한다면 판단의 잣대를 들이대지 않고도 우리 몸을 존중하며 감사한 마음을 가질 수 있다.

나는 수개월 동안 스킨답서스픽투스를 새로 들일까 고민한 끝에 온라인 상점을 통해 꺾꽂이용 가지를 몇 개 구입했다. 그런데 뿌리가 없는 가지들 중에 유독 잎사귀가 엄청나게 큰 가지가 하나 있었다. 아마도 어미그루에서 잘 성숙한 튼튼한 개체일 테니 적절히 관리해주면 다른 가지들도 이만큼 자랄 수 있겠다는 생각이 들었다. 나중에 동네 화원에서 스킨답서스픽투스가 눈에 띄기에 화분 하나를 사 왔는데, 도대체 이 화분은 언제부터 꺾꽂이용 가지처럼 잎이 커지기 시작하는 건지 의아한 마음이 들었다. 나중에 알고 보니 온라인에서 구입한 그 독보적인 꺾꽂이용 가지는 크기만 유별난 게 아니었다. 스킨답서스픽투스가 아니라 완전히 다른 식물이었기 때문이다! 색깔 패턴과 질감은 동일하지만 덩굴이 한층 굵직하고 잎사귀도 더 컸다. 그렇다면 스킨답서스픽투스 화분은 그만큼 커다랗게 자라지 않을 게 분명했다. 스킨답서스픽투스는 원래 그런 모양으로 성장하지 않기 때문이다.

나는 적절히 관리만 해주면 스킨답서스픽투스가 더 크게 성장할 수 있을 거라 지레짐작했기 때문에 오히려 식물의 성장을 방해하고 잎을 시들하게 만들었다. 두 식물이 전혀 다르다는 생각은 해보지도 못했다. 우리는 여러 면에서 사람에게도 이런 실수를 저지르기 쉽다. 어떤 사람을 만나면 신체적 특징을 평가해 민족적 배경이나 능력, 건강 상태 등을 파악했다고 속단할지도 모른다. 하지만 인간은 겉으로 보이는 모습보다 한층 더 복잡한 존재다.

198센티미터가 넘는 키에 100킬로그램을 가뿐히 넘긴 체형을 동경해왔지만, 현실의 내 모습은 그렇지 않다. 나보다 키가 큰 사촌들만큼 쉽게 덩크슛을 넣기는 어렵겠지만, 주어진 내 모습에 감사하기로 마음먹은 이후부터 내가 갖춘 힘과 민첩성, 속도를 활용하게 되었다. 내가 선반 꼭대기에 있는 물건을 집으려고 버둥댄다면, 내 사촌은 출입구를 드나들 때마다 머리를 수그려야 한다. 생김새는 저마다 장점과 단점이 있기 마련이다. 예컨대 나는 높은 곳에 있는 물건을 집으려고 발끝으로 서서 고군분투하기보다는 내 키가 그 정도 높이에 미치지 못하니 빨리 의자를 가져와 에너지를 절약해야 한다는 사실을 받아들인다. 장점을 극대화하는 방법을 배우면 에너지를 합리적으로 이용하는 데 도움이 된다.

감각

몸의 이야기를
들어야 한다

신체건강을 달성하는 네 번째 핵심 요소는 우리가 자극에 영향을 받는 방식을 이해해야 한다는 것이다. 인간의 몸은 촉각·시각·청각·미각·후각을 통해 주변의 감각을 경험하는 독특한 능력이 있다. 나는 특히 질감에 민감하게 반응한다. 성인이 되고 나서야 이런 사실을 깨달았는데, 촉각이 자극을 받으면 다른 감각도 함께 활성화되면서 정서적 반응이 유발된다. 이상하게 들릴지 모르겠지만 손가락을 통해 어떤 질감이 느껴지면 내 몸에서 감정이 일어난다. 언제, 어디에서, 무엇을 만지는가에 따라 반응의 양상도 천차만별이다.

모든 사람이 촉각이 예민한 것은 아니다. 누군가는 갑작스레 떨어진 기온의 영향을 받는가 하면 공기의 질에 민감하게 반응하는 사람도 있다. 자신의 몸과 감각에 주의를 기울여보자. 무엇이 나를 기분 좋게 해주는가? 무엇이 나를 불편하게 하는가? 주변 환경에 대한 사소한 신체 반응은 때로 우리의 삶의 질과 건강 상태 전반에 생각보다 큰 영향을 미칠 수 있다. 예컨대 어떤 사람은 바람이 부는 날에 초조함과 불안감을 느낀다. 나뭇잎이 휘날리는 소리, 바람 때문에 피부에 느껴지는 불규칙한 압력, 이리저리 휘청대는 나무로 쉴 새 없이 변화하는 창문 밖 풍경에 하루 종일 온 마음이 어지러운 것이다. 내 친구는 15도 이하의 기온에 노출되는 순간 손가락 마디가 심하게 건조해져서 추운 날에는 꼭 보습제를 손에 덧발라야 한다.

삶의 질을 논할 때 감각의 문제를 등한시하는 경우가 많지만 감각은 우리의 건강과 행복에 기여할 수도 있고 반대로 균형을 무너뜨릴 수도 있다. 나는 식물을 키우면서 줄곧 이런 경험을 해왔다. 우리 집 주방 창문에는 공중식물이 하나 있는데, 한쪽은 바깥을 향하고 다른 쪽은 실내를 바라보도록 매달아두었다. 몇 달에 걸쳐 건강하게 키우다가 문득 햇빛을 향한 쪽이 다른 쪽보다 훨씬 더 많이 자란 모습이 눈에 띄었다. 그래서 식물을 반대로 돌려놓았더니 몇 주 후에는 양쪽이 균등한 수준으로 성장했다.

이 사례는 식물이 자극에 영향을 받는 방식을 분명하게 보여주지만, 경험이 부족한 실내 식물 애호가들은 온도가 조금만 변해도 식물이 엄청난 영향을 받는다는 점을 잘 알지 못한다. 150포기 정도의 식물을 키우려면 어느 정도 수고가 필요하며 날씨 변화에 관심을 기울이는 것도 작업의 일부분이다. 11월 말이 되면 난방을 해야겠다는 생각이 들 만큼 온도가 내려가는데, 어떤 식물은 내가 이상적인 생육 조건에 맞게 집안 온도를 조절할 때까지 잎을 쪼글쪼글하게 만들어 에너지를 보존한다. 식물이 자극에 반응하는 미묘한 방식을 포착하지 못하면 식물의 성장 잠재력을 떨어트리며 심지어 건강을 위협하는 결과를 초래할 수 있다.

식물과 마찬가지로 인간의 몸도 색깔 및 모양과 더불어 질감이 가지각색이지만, 지금부터는 우리 몸이 어떻게 자극에 반응하는지에 초점을 맞춰보자. 인간의 신체는 질감, 기온 변화, 빛의 변동을 통해 감각을 경험한다. 몸이 우리에게 건네는 이야기에 귀를 기울여 우리 몸에 생기를 불어넣거나 위협을 끼치는 요인이 무엇인지 파악하자. 이러한 자극은 우리가 무언가에 주의를 빼앗겼을 때 성장과 삶의 질에 초점을 맞추도록 현재에 집중하라는 메시지를 상기시켜줄 수 있다. 마음과 몸의 소통을 강화하는 방법으로 자극을 활용해 마음의 평화가 몸의 균형을 뒷받침하도록 하자.

내 몸의 소리는 나만 들을 수 있다

식물의 뿌리와 잎이 서로의 목소리에 귀를 기울이지 않으면 어떤 일이 벌어질까? 잎은 뿌리라는 토대 없이 성장하려고 발버둥 칠 테고, 머지않아 식물은 에너지가 소진되어 고사하고 말 것이다. 만약 우리가 몸의 목소리를 외면한다면 스스로를 위험으로 내모는 결과를 초래할뿐더러 순조로운 성장도 기대하기 어렵다.

나는 인생의 대부분을 질감에 민감하다는 사실을 모르고 지냈다. 그래서 직물과 종이를 만진 후 이상한 반응을 경험할 때면 평정심을 되찾으려 애쓰곤 했다. 이런 반응이 일어나는 원인을 전혀 알지 못했으니 다른 사람들에게 내 상황을 명확히 설명할 수도 없었다. 결국 나는 스스로를 괴상하고 비정상적인 존재로 치부하며 내 문제를 철저히 비밀에 부쳤다. 그렇게 혼자 해결하려고 노력한 끝에, 수년의 세월이 흐른 지금은 내가 종이와 직물, 건조한 환경에 민감도가 높다는 사실을 알게 되었다.

질감에 민감한 특성 덕분에 한 가지 깨달음도 얻었다. 마음과 몸이 원활하게 소통해야 비로소 몸이 건네는 이야기를 들을 수 있다는 사실이다. 몸이 마음을 향해 어떠한 신호를 보내면 우리는 신중하게 귀를 기울여야 한다. 어린 시절에는 친구들 앞에서 이상한 모습을 보이고 싶지 않아 몸이 보내는 신호를 애써 무시했지만,

결국 스스로를 해치는 결과를 초래한 적이 많았다. 바지 때문에 다리가 너무 가려워 감각이 둔해질 때까지 피가 나도록 긁어댄 적도 있었다.

몸의 이야기를 듣는 능력이 다른 사람의 판단으로 왜곡되지 않게 하자. 아무도 듣지 못하는 기분 나쁜 고음이 내 귀에만 들려올 때 다른 사람은 영향을 받지 않는다고 해서 그냥 외면해버리지 말라. 타인에 비해 더 넓은 범위의 주파수까지 들을 수 있다는 신호일 수 있으며, 고도로 발달된 감각을 활용해야 할 상황이 생길지도 모를 일이다. 자극의 종류는 무한하며 우리 모두에게 서로 다른 방식으로 영향을 미친다. 그 누구도 동일한 자극에 동일한 방식으로 반응하지 않는다.

몸의 균형을 유지하기 위해서는 몸이 건네는 이야기를 잘 듣고 무언가 잘못되었을 때 어떤 부분을 돌봐야 할지 그리고 문제를 어떻게 해결해야 할지 파악하는 능력을 길러야 한다. 우리의 마음이 손, 팔꿈치, 어깨, 무릎, 머리 등 몸의 여러 부위에 집중하도록 시간을 내어 몸의 소리를 듣는 방법을 연습하라. 자극에 대한 반응을 쉽게 이해하도록 몸의 여러 부분을 빠짐없이 살피고 마음과 몸의 소통을 강화하라.

우리 몸에 달린 잎이 돌돌 말리면서 끝부분이 타들어간다면 그늘이 필요하다는 의미일지 모른다. 바로 옆에 있는 다른 식물은 멀쩡하다 해도 마찬가지다. 흙에 돌이 잔뜩 섞여 뿌리를 내릴 수 없다면, 같은 화분에 있는 다른 시문이 꽃을 피우기 시작했더라도 자신은 다른 화분으로 옮겨가야 할 수도 있다. 우리는 몸을 통해 세상을 경험한다. 자신의 몸을 신뢰하고 존중하는 자세로 내 몸에 귀를 기울여라. 내가 열네 살 때 학교 단체 활동을 통해 몸과 마음 간의 소통을 시험해보는 기회가 있었다. 촉각이 예민하다는 특성 때문에 처음에는 별 흥미를 느끼지 못했지만, 결과적으로 이 경험을 통해 귀중한 교훈을 얻을 수 있었다.

나와 세상이 연결되는 방식

나는 학교에서 친구들과 함께 눈가리개를 착용한 채 갖가지 물건을 손으로 만져보고 무엇인지 알아맞히는 퀴즈 활동에 참여 하게 되었다. 인솔자는 안대로 눈을 제대로 가렸는지 확인한 다음 도전자가 맞혀야 할 다섯 가지 물건이 놓인 탁자 앞으로 나와 일 행을 데려갔다. 무언가 이상야릇한 촉감을 느낀 친구들은 외마디 비명을 지르거나 "우웩!" 하고 여러 차례 구역질을 하기도 했다. 하지만 친구들이 어떻게 반응하고 무슨 답을 내놓는지 흥미진진 하게 듣고 있자니 나를 기다리는 불가사의한 물건을 내가 잘 맞힐지 궁금해졌다. 마음속에 자리 잡은 불안감이 사그라지고 호기심이 일기 시작했다.

상자 다섯 개에 차례로 손을 넣되 한 상자당 한쪽 손만 사용해야 했다. 상자마다 손을 바꿔가며 넣는 친구들도 있었지만, 나는 일관성 있게 왼손만으로 승부했다. 떨리는 마음으로 탁자 앞에 다가가 첫 번째 상자에 손을 밀어 넣었다. 허공에서 허우적대던 손이 마침내 목표물에 닿았고, 그릇 안에 담긴 무언가를 손가락으로 더듬어가며 탐색했다. 나는 손가락 끝에 느껴지는 수수께끼의 실체를 마음속에 떠올리려 노력했지만 아무것도 생각나는 게 없었다. 인솔자가 손을 닦아주었고 나는 다음 상자에 도전했다. 이번에도 깜깜하긴 마찬가지였다. 결국 미트볼이 든 스파게티와 우유만 정확히 맞혔고, 젤리 곰을 얹은 요구르트, 감자를 섞은 습식 사료, 시리얼은 놓치고 말았다. 다행스럽게도 다섯 가지 음식의 질감에 내 몸이 이상하게 반응하지 않았기 때문에 퀴즈에 오롯이 집중하며 그 시간을 즐길 수 있었다.

이 활동에 참여한 후, 우리의 몸과 마음이 어떻게 연결되어 있는지, 어떤 방식으로 협업하면서 세상에 존재하는 복잡한 실체와 자극을 탐색하는지 생각해보게 되었다. 모든 퀴즈를 다 맞히진 못했지만 손끝에 느껴진 존재가 대체로 어떤 질감을 갖고 있는지는 알 수 있었다. 만지는 음식마다 몸이 다르게 반응했고 마음은 무엇인지 알아내려고 애썼다. 몸이 마음에게 이야기하면 내가 마음에게 귀를 기울였다.

'나는 어떤 존재와 교감하고 있는가?' '몸이 나에게 어떤 이야기를 해주는가?' 나는 퀴즈를 푸는 내내 이렇게 질문했고, 지금까지도 스스로에게 같은 물음을 던지곤 한다. 현재 자신이 어떤 상태인지 확인하거나 몸의 이야기를 듣는 방법을 연습하고 싶을 때 누구나 이 질문을 활용할 수 있다.

내 몸의 주의력을 빼앗기지 말 것

어린 시절 야외에서 뛰어놀며 다양한 질감이 한데 어우러진 자연의 품에서 성장했던 시간이 내게는 큰 축복이었다. 무성한 과일나무 사이를 한가로이 거닐면서 은은하게 풍겨오는 장미의 향과 히비스커스의 꽃 내음을 만끽하거나 우거진 숲속을 호기롭게 탐험하던 추억이 마음 한편에 소중하게 남아 있다.

하지만 자연이 언제나 보드라운 금귤이나 비늘로 무장한 도마뱀처럼 흥미로운 볼거리만 품고 있는 건 아니다. 나는 날카로운 바위에 걸려 넘어져 무릎이 까지거나, 땅에 떨어진 나뭇가지에 찔려 끔찍한 상처가 나는 경험도 많이 했다. 지독히도 운이 나쁜 날이면 흔히 가시풀fireweed이라고 부르는 서양쐐기풀stinging nettle과 맞닥뜨리기도 했다. 플로리다 북부와 중부 전역에서 자라는 서양 쐐기풀은 겉모습만 보면 감쪽같이 속아 넘어가기 쉽다. 평범한 잡초처럼 생겼지만 알고 보면 포름산이 든 가시털이 미세하게 잎을 뒤덮어 함부로 만지면 치명적인 해를 입을지도 모른다.

생명이 위험한 정도는 아니라 해도 피부가 가시털에 쓸리면 이루 말할 수 없는 고통이 찾아온다. 축구를 하다가 나도 모르게 가시풀이 잔뜩 깔린 풀밭 위로 넘어진 기억을 떠올리면 지금도 아찔하다. 살짝 스쳤을 뿐인데 그날 하루가 완전히 달라졌다. 하루 종일 미친 듯이 가렵고 따가워서 정신이 혼미할 지경이었다. 다시는 반복하고 싶지 않은 고통이었지만 이 경험을 통해 배운 점도 있었다. 현재에 집중해야 한다는 깨달음을 얻은 것이다.

'현재에 집중하자' 또는 '이 순간에 충실하자'라는 말의 의미는 우리가 지금 무엇을 하는지, 몸을 어떻게 사용하는지에 관심을 두어야 한다는 뜻이다. 문제가 생기기 전에 알아채고, 일이 진행되는 상황을 고려해 해결책을 모색하며, 삶의 질을 유지하는 방향으로 의사결정을 하려면 현재에 초점을 맞춰야 한다. 나는 사촌들과 축구를 시작하기 전에 다른 일에 정신이 팔린 탓에 가시풀이 빼곡히 깔린 풀밭의 존재를 미처 알아채지 못했다. 그 사건 이후로는 야외 활동을 할 때 가시풀이나 다른 위험 요인이 없는지 각

별히 살폈고, 두 번 다시 같은 실수를 저지르지 않았다.

몸의 이야기에 진심으로 귀를 기울이려면 마음이 지금 이 순간에 충실해야 한다. 하지만 마음이 분주하거나 산만할 때는 이런 다짐을 까맣게 잊어버리기 마련이다. 우리는 그 어느 때보다도 수많은 자극에 노출되어 있다. 상점에 들어설 때마다 어김없이 음악 소리가 귓전을 울리고, 시도 때도 없이 컴퓨터나 스마트폰, 텔레비전에 시선을 빼앗긴다. 만약 몸의 균형이 무너지는 느낌을 받았다면 자신의 마음이 지금 이 순간을 떠나 먼 곳을 방황하지는 않는지 의심해야 한다. 외부에서 들려오는 소리나 마음을 잡아끄는 현란한 화면을 완전히 무시하라는 이야기가 아니다. 도리어 그것들을 정신적으로 차단하려는 노력이 스스로를 무감각하고 혼란스러운 상태에 빠뜨리는 효과를 불러올 수 있다. 중요한 정보를 놓쳐 몸이 상하는 결과를 초래할 수도 있는 것이다. 이러한 외적 자극을 자신이 어떻게 받아들이고 있는지 늘 의식해야 한다는 것을 명심하자. 지금 이 순간 몸이 건네는 이야기에 마음이 귀를 기울여야 최선의 선택을 할 수 있다.

인생에 갑작스러운
문제는 없다

고등학교 시절은 하루하루가 참 길었다. 집, 학교, 공연장을 분주히 오가면서 나는 온종일 같은 신발을 신었다. 운동을 하든 공연 세트장을 짓든 공부를 하든 언제나 똑같은 신발을 신었다. 그때는 신발을 바꿔 신는다는 생각조차 할 겨를이 없었다. '편하진 않긴 해'라는 생각이 들어도 곧바로 다른 문제가 다가와 내 신경을 오롯이 앗아갔다. 시간이 흘러 졸업반에 접어들 무렵, 내 신발의 밑창은 흔적을 찾아보기 어려울 정도로 닳아 없어졌다.

나는 참아내기 어려운 정강이 통증이 생기고 나서야 닳아빠진 신발 밑창이 몸에 어떤 영향을 미쳤는지 깨달았다. 정강이 통증만 나를 괴롭힌 게 아니었다. 완충 작용을 하는 밑창이 없으니 발바닥에 굳은살까지 생겼다. 신발을 신고 걸을 때마다 발목과 발이 쑤셔있다. 이느 날 학교 안에 있는 무대 깅치 제작소에 앉아 징강이를 문지르고 있는데, 내게 통증이 있다는 걸 눈치챈 누군가가 다가와 내 인생을 바꿔놓을 질문을 던졌다. "신발 바꾼 지 얼마나 됐니?"

신발을 바꿔야 한다는 생각을 외면한 대가는 무너진 삶의 질이었다. 굳은살과 정강이 통증은 어느 순간 갑자기 나타난 게 아니었다. 나도 모르는 사이에 피부는 망가진 신발 때문에 계속 마찰에 시달리는 발바닥을 보호하려고 굳은살을 만들어냈다. 근육과 힘줄, 뼈로 이루어진 내부는 발바닥을 지지해줄 밑창이 없어 지속적으로 고통을 겪었다. 심각한 통증으로 번질지 모를 사소한 불편함에 귀를 기울였더라면 그토록 극심한 괴로움과 좌절감을 겪지 않아도 되었을 것이다.

몸은 다면적인 관리를 필요로 한다

신체건강을 달성하는 다섯 번째 핵심 요소는 우리 몸을 다양한 부분이 한데 어우러져 완성된 집합체로 인식하고, 각 요소를 세심히 보살펴야 전체를 온전히 돌볼 수 있음을 이해하는 것이다.

이를 위해 나는 내 몸과 경험이 겹겹이 층을 이루며 연결되어 있다고 상상한다. 몸이 좋지 않을 때면 어디에서 문제가 시작된 건지 알아내기 위해 스스로에게 질문을 던진다. 뼈나 근육이 말썽인 걸까 아니면 내부 장기나 혈관에 문제가 생긴 걸까? 질문이 끝나면 언제부터 문제가 시작됐는지, 어떻게 하면 악화되지 않을지 생각해본다.

알로에 베라Aloe vera는 약용 효과가 있다고 널리 알려진 다육식물이다. 나는 알로에의 생김새와 다채로운 매력이 마음에 든다. 7센티미터 남짓 되는 새끼그루를 널찍하고 두툼하게 알로에 젤이 들어찬 76센티미터 크기의 잎으로 키워낸 경험도 있다. 알로에를 키우면서 식물을 구성하는 여러 구성요소의 관계를 눈으로 직접 확인할 수 있었다. 알로에는 내부 젤, 젤을 감싸는 보호막, 외피의 세 가지 층으로 이루어져 있다. 알로에를 키우는 동안 피부에 사용할 목적으로 잎을 잘라내곤 했는데 그때마다 일관된 특징 하나가 눈에 띄었다. 알로에를 구성하는 세 가지 요소의 크기는 언제나 서로 비례했고 알로에의 크기가 커질수록 각 구성요소의 크기도 함께 커졌다. 생물체가 성장을 지속하기 위해서는 모든 구성요소가 한데 어울려 기능해야 한다는 교훈을 깨달은 순간이었다.

나는 엄마가 플로리다에서 보내준 알로에 베라 중 한 포기가 흥미롭게 변화하는 과정을 지켜본 적이 있다. 어느 해에 알로에 수입 포기를 떠나보내는 와중에도 길 견뎌준 내 포기 중 하나였다. 그 알로에는 생장기를 거치면서 새끼그루에서 어미그루로 성장했고 여기에서 다시 새끼그루 열두 포기가 생겨났다. 하늘이 뚫린 듯 쏟아지던 폭풍우와 예기치 못한 혹한, 불볕더위도 이겨냈으며 이 과정에서 오히려 더 튼실하게 성장했다. 그 후 알로에를 키우는 방법에 변화를 주었다. 지나치게 관리하려 들지 않았고 흙을 바꿔주거나 위치를 자주 옮겨주지도 않았다. 알로에는 그동안의 경험을 통해 한층 강인해진 듯했다.

알로에처럼 인간의 몸도 서로 다른 구성요소가 겹겹이 포개져 특색 있고 고유한 생김새를 만들어낸다. 우리 몸은 근육, 혈관, 장기, 뼈 등을 포함한 여러 구성요소가 켜켜이 쌓인 구조로 이루어져 있다. 마치 알로에의 3중 구조처럼 신체를 이루는 각 구성요소는 저마다 고유한 역할을 담당하면서도 다른 층과 긴밀하게 맞물려 함께 움직인다. 그래서 몸을 구성하는 모든 요소를 빠짐없이 돌봐야 신체의 균형을 유지할 수 있다. 몸의 일부분을 등한시한다는 건 몸 전체를 소홀히 대해 신체 기능을 저해한다는 의미나 다름없다.

반대로 인간의 몸을 겹겹이 포개진 구성요소로 개념화하면 몸이 아프거나 할 때 문제를 더 손쉽게 해결하고 신체 잠재력을 극대화하는 데 도움이 된다. 나는 뼈 건강을 위해 끼니를 잘 챙겨 먹고 근육의 긴장을 풀기 위해 스트레칭도 하며 피부에 보습제를 수시로 바르는 등 다양한 방법을 실천하면서 몸을 보살핀다. 너무 단순하다고 생각하는 사람도 있겠지만, 몸을 구성하는 요소를 개별 단위로 돌보다 보면 생각보다 큰 차이를 느낀다. 내 경우에는 스트레칭을 주기적으로 하지 않을 때 근육 경련이 생기곤 한다. 고통에 시달리다 보면 기력도 빠져나가 미처 다른 부분에 신경 쓸 여력이 없어지고 만다.

흔히 식물을 키우다 문제가 생겼을 때 어느 부위에 이상이 생긴 건지 알 수 없는 경우가 많다. 플로리다뷰티Florida Beauty의 잎 색깔이 변하는 증상은 잎 자체의 문제가 아니라 뿌리가 병들었거나 줄기가 감염되었다는 신호일 수 있다. 이때 식물이 여러 요소로 이루어져 있다고 생각하면 문제를 구분해내기가 용이해진다. '필요한 게 뭘까? 물을 더 줄까? 햇볕이 있는 쪽으로 자리를 옮겨볼까? 아니면 흙을 갈아줘야 할까?' 이제 우리 자신에게 시선을 돌려보자. '내 몸을 이루는 뿌리, 껍질, 잎, 꽃은 무엇일까?' '피곤하거나 몸이 안 좋을 때 어떤 부분에 신경 써야 할까?' '어떻게 하면 몸이 좋아질까? 물 한 잔을 마셔볼까? 간식을 먹는 건 어떨까? 낮잠을 자거나 산책을 해볼까?' 문제를 정확히 겨냥해 여기에 맞는 해결책을 모색하기 위해 우리 몸에 겹겹이 쌓인 요소를 따로 떼어내 생각해보자.

오늘보다 나은 내일을 원한다면

인생을 살아가며 겪는 경험도 여러 구성요소로 겹겹이 이루어져 있다. 경험은 쌓이고 쌓여 우리 삶의 이야기를 만들어낸다. 오늘 한 일은 다가올 내일의 토대가 되고, 내일의 모습이 다음 주에 영향을 미치며, 다음 주에 무엇을 하는지가 내년의 모습을 결정한다. 우리 몸을 건강하게 가꿔나가는 취미, 습관, 일과를 실천해야 하는 이유가 바로 이 때문이다. 오늘의 나를 정성껏 돌보면 내일의 내 모습이 달라질 것이다. 매일 시간을 내어 몸이 건네는 이야기에 귀를 기울이자. '나는 몸이 원하는 필요를 충족해주고 있는가?' '몸 상태가 좋지 않으니 더 신경을 써야 하는 건 아닌가?' 이 질문에 빨리 대답할수록 우리는 장기적으로 성장하는 일에 더욱 철저히 대비할 수 있다.

삶의 여정에서 마주하는 갖가지 상황과 경험은 계속해서 쌓이고 또 쌓인다. 마치 하루도 빠짐없이 한 장씩 찍어두는 스냅 사진 같다는 생각이 든다. 매일 층층이 포개져 두툼해지면서 경험의 깊이를 더한다. 우리의 인생과 선택을 성찰할 때는 마치 스냅 사진처럼 쌓이는 경험의 구성요소를 떠올리면서 지금 이 순간에 무슨 일이 벌어지는지, 이 경험이 내 삶에 어떤 이야기를 만들어낼지 관심을 기울일 필요가 있다.

이렇게 매 순간이 경험의 깊이를 더하기 때문에 단 하루도 무의미한 날이 없다. 우리는 시간을 잘 활용하기 위해 마음의 평화와 몸의 균형을 도모할 취미, 습관, 일과를 만들어내는 데 주력해야 한다. 오늘 하는 일이 내일에 영향을 준다는 점을 마음에 새겨 평화롭고 균형 잡힌 미래를 위해 취미와 습관, 일과를 실행하자. 신체건강에 문제가 있다면 지체하지 말고 몸을 관찰하라. 우리가 몸의 색깔과 모양을 살피거나 자극이 주는 영향을 찾아내는 일을 게으리하는 사이에 문제는 쌓이고 쌓여 심각해진다. 걱정거리는 시간이 흐를수록 점점 자라나 처음 생겨났을 때보다 해결하기가 훨씬 더 어려워질 수 있다.

몇 년 동안 정원 뒤편의 한구석에서 포도 덩굴을 키운 적이 있다. 나는 덩굴이 길쭉하게 뻗어나가면서 정원의 빈 공간을 채워가는 모습을 매일같이 감상하곤 했다. 시간이 흐르자 덩굴 주변에 있던 식물들이 성장하면서 포도 덩굴로 향하는 햇빛을 가려버리고 말았다.

식물이 어떤 상황에서도 햇빛이나 물을 구하는 모습을 보고 감탄한 적이 많은데 포도 덩굴이 꼭 그랬다. 다른 식물에 뒤덮이고 울타리 쪽으로 한껏 밀려난 포도 덩굴은 하늘을 향해 자라기 시작하더니 기어고 협죽도oleander tree에 덩굴손을 뻗어 온몸으로 햇볕을 만끽할 수 있는 곳을 찾아 올라갔다. 그러던 어느 날, 그렇게도 잘 자라던 포도 덩굴이 위쪽부터 아래쪽까지 누렇게 바래버린 모습을 발견했다. 그동안 정원을 관리할 시간이 부족해 매일 식물의 상태를 확인하지 못했던 탓에, 시간이 훌쩍 흘러 갈변 현상이 덩굴을 집어삼킬 때까지 알아차리지 못했던 것이다.

변색을 유발한 원인을 알아내려면 포도 덩굴의 아래편을 덮은 식물 여러 종의 잎을 잘라내야 했다. 얼마나 무성하게 자랐는지 잎을 몇 뭉텅이나 잘라내고 나서야 덩굴이 보였다. 문제의 근원이 모습을 드러냈다. 마구잡이로 늘어난 잡초가 덩굴 줄기와 뿌리의 숨통을 조이고 있었다. 제때 처리하지 못한 말썽거리가 쌓이고 쌓여 걷잡을 수 없이 커져버린 것이다. 잡초가 포도 덩굴을 위협할 정도로 자라기 전에 미리 발견했더라면 다른 식물의 잎을 잘라낼 필요도 없었고 덩굴이 성장을 방해받지 않도록 조치했을 것이다.

이런 일은 우리에게도 일어날 수 있다. 미처 알아채지 못하거나 외면해버린 문제가 잡초처럼 자라나 어느 순간 우리의 인생에 모습을 드러낼지 모른다. 나는 일주일 내내 어깨 통증에 시달리다가 시간을 내어 스트레칭과 운동을 하면서 근육 경련이 생긴 부분을 풀어주었다. 그러다 문득 2주 전에 허리가 아파 고생했던 기억이 떠올랐다. 허리 통증은 몇 달 전에 가슴을 다치고 나서 생겼기 때문에 이번 어깨 통증도 허리와 연관이 있을 거라는 생각이 강하게 들었다. 일이 바쁘다는 핑계로 가슴 부상을 제대로 살피지 않고 다른 신체 부위가 대신 혹사당하는 상황을 내버려둔 탓에 벌어진 일이었다. 문제의 뿌리를 해결하지 않은 채 흘려보낸 하루하루가 몸의 여러 부위에 악영향을 미치고 있었다.

어떤 문제가 몇 주, 몇 달, 몇 년까지 길어질 골칫거리로 발전하는 데는 한순간이면 충분하다. 우리의 몸에서든 인생에서든 어떤 한 부분에서 발생한 문제를 오늘 해결하지 못하면 내일은 다른 부분에 새로운 말썽거리가 생겨난다. 이런 상황에 직면하지 않으려면 우리를 구성하는 모든 구성요소를 골고루 건강히 돌보는 일과를 계획해 실천할 필요가 있다.

다음 단계로 나아가는
휴식의 기술

정원을 보면 건강한 몸에 대한 기존의 관념을 되돌아보는 것이 중요한 이유를 깨닫는다. 멋진 몸매와 고중량 덤벨에 치중하기보다 성장과 균형에 도움을 주는 요소에 집중할 때 비로소 우리는 꽃을 피우고 만개한다. 신체건강에 대한 해롭고 무익한 생각에서 벗어나 몸이 건네는 이야기에 귀를 기울여라. 몸은 제각기 다른 우리의 모습을 반영한다. 자신만의 색깔, 모양, 질감, 구성요소를 충분히 이해하라. 그리고 그 가치를 인식하는 데 집중하라.

무엇보다 이러한 노력은 몸과 마음을 회복하는 과정에서 특히 중요하다. 인생을 살아가면서 여러 문제로 몸과 마음이 지칠 때면 자기를 사로잡는 부정적인 생각에 매몰되곤 하는데, 이러한 생각은 대개 자신만의 색깔, 모양, 질감, 구성요소의 가치를 인지하지 못해서 일어나는 일이다. 부정적인 생각에서 빠져나와 긍정성에 뿌리를 내려야만 회복하는 과정 끝에 성장이라는 결과를 맛볼 수 있다는 것을 명심하자.

부정성을 내려놓는 치유의 공간

우리 집으로 들어가려면 길이와 폭이 2미터쯤 되는 현관을 지나야 한다. 현관 인테리어를 구상하면서 식물의 색깔, 모양, 질감, 구성요소를 염두에 두었다. 이곳을 지나는 모든 사람에게 평온함을 안겨줄 아늑한 회복 공간을 만들어내는 게 목표였다. 나는 일종의 '치유의 공간'을 구상했다. 식물의 색깔, 모양, 질감, 구성요소가 현관에 들어선 사람들에게 스며들어 일상의 스트레스를 씻어내는 것이다.

식물을 바닥부터 천장까지 층층이 배치하니 눈길이 닿는 곳마다 푸른빛이 완연했다. 벽돌 벽에 스킨답서스를 늘어뜨려 연초록빛 보드라운 타원형 잎사귀가 거친 질감의 갈색빛 네모 벽돌과 대비를 이루도록 했다. 현관 천장에는 공중식물을 조금 매달아 장식했다. 형태와 높이가 제각기 다른 화분 받침대에 브로멜리아드와 베고니아begonia를 올려놓으니 현관의 중간부와 하부가 풍성해졌다.

식물마다 요구 사항이 제각기 다르지만 다양한 조각과 부분이 어우러져 독특하고 생기 넘치는 완전체가 된다는 것은 얼마나 매력적인 일인가. 실제로 이 치유의 공간을 보고 당장 문제는 해결되지 않았지만 한결 기분이 좋아졌다고 말하는 사람이 많았다.

이렇듯 다양한 요소를 모아놓은 현관을 가꾸다 보니, 회복하는 과정에서 부정적인 생각에서 빠져나와 '나'라는 존재를 온전히 돌보는 게 얼마나 중요한지 되새겨보게 된다. 과도한 압박감, 다른 사람과 자신을 비교하려는 충동, 맞지 않는 틀에 자신을 억지로 끼워 맞추려는 노력 등 끊임없이 문제를 곱씹거나 스스로의 부정적인 생각으로 계속 파고들수록 앞으로 나아가기가 어려워진다. 건강한 취미나 습관, 일과를 만들면서 궁극적으로 삶의 질을 향상하기 위해서는 부정적인 생각의 고리에서 해방되어 자신을 온전히 들여다볼 줄 알아야 한다.

실제로 나는 그러한 생각의 고리에 빠질 때마다 열한 살이 되던 해의 어느 여름날을 떠올린다. 그날의 나는 아직 인생의 경험이 부족해 상처받은 스스로를 곱씹으며 부정적인 생각에서 헤어나오지 못했다.

나를 괴롭히는 생각의 고리 끊기

그날 나는 아침 일찍 잠에서 깨 침대 밖으로 뛰쳐나왔다. 도무지 잠이 오지 않았다! 삼촌이 사촌 여섯 명과 나를 데리고 마을 건너편에 있는 테마파크에 가기로 했기 때문이다.

평소라면 일찍 출근하는 엄마를 침대에서 배웅했을 것이다. 그런데 이날은 집 안을 이리저리 서성대니 엄마의 눈에 띌 수밖에 없었다. 엄마는 현관문 옆 의자에 올려둔 옷을 힐긋 바라보았다. 외출하기 전에 옷을 망가뜨리고 싶지 않아서 삼촌이 도착하면 재빨리 걸쳐 입고 나가려고 준비해두었다. 엄마는 테마파크에서 간식거리를 사먹으라고 10달러를 주었다. 세상을 다 얻은 기분이었다.

아침 6시 30분쯤 엄마가 일터로 출근했다. 삼촌은 두 시간 후에 도착할 예정이어서 나는 집안일을 끝내놓고 잠자리를 정리했으며 욕실 청소에다 숙제까지 해두었다. 시계를 확인하니 오전 8시였다. 아직도 30분이나 기다려야 한다니 믿을 수 없었다. 시간을 때우기 위해 숙제를 다시 검토한 다음 집 밖으로 나가 자동차 진입로에서 농구공을 튀기며 놀았다. 몇 시인지 보려고 집 안으로 들어갔다. 8시 5분이었다. 시계를 다시 확인했다. 확인하고 또 확인했다. 왜 이렇게 시간이 천천히 가지?

드디어 8시 30분이다! 삼촌이 타고 온 차가 집 앞 진입로에 들어서길 기대하며 창문 밖을 내다보았다. 나는 참을성이 없다는 이야기를 자주 듣는 편이라 삼촌 집에 전화하고 싶은 마음을 애써 눌렀다. 그냥 기다리기로 했다. 8시 45분에 할머니에게 전화를 걸었다. 할머니는 사촌들이 늑장을 부리는 바람에 삼촌이 방금 전에 출발했고 지금 우리 집으로 가는 길이라고 전해주었다. 나는 미리 꺼내놓은 옷을 입어두기로 했다. 마음이 느슨해지지 않도록 밖에 나가 농구공도 튀겼다. 삼촌이 도착하려면 5분에서 10분 정도 남았으니 농구를 하며 시간을 보낼 생각이었다.

하지만 시간은 흐르기만 하고 햇볕이 점점 강하게 내리쬐었다. 어느덧 출출하고 목이 말라 기다리는 동안 집에 들어가 간식을 먹어야겠다고 결심했다. 현관문을 열고 시계를 보니 9시 30분이었다. 할머니에게 전화를 걸었다. "어떻게 된 일인지 모르겠구나. 아까 출발했으니 지금쯤 도착했어야 하는데……." 할머니는 이렇게 말씀했다. 삼촌을 기다리는 동안 먹을 간식을 준비하면서 나는 걱정하지 않으려고 애썼다. 삼촌과 사촌들에게 아무 일도 없기를 빌었다. 괜히 집에 들어와 있었나? 아니면 애초에 밖에 나가지 말 걸 그랬나? 혹시 내가 삼촌을 못 봤으면 어쩌지? 전화가 왔는데 못 들은 건 아닐까? 음성 메시지를 확인해봤다. 아무것도 없었다.

10시 30분이 되자, 이제는 이런 생각이 들었다. '내가 무엇을 잘못했나?' '테마파크에 나를 데려가지 않을 만큼 삼촌이 나를 미위했나 보다' '사촌들이 나를 데려가지 말자고 했나?' 견디기 힘든 서글픔이 밀려와 침대에 누웠지만 잠이 오지 않았다.

삼촌은 그날 밤에 나를 찾아와 사과했다. 삼촌은 사촌들을 모두 챙겨야 하는 혼란스러운 상황에서 테마파크에 가기로 한 일행이 함께 있다고 착각했다. 그렇게 정신없이 차를 타고 가다 보니 나를 데리러 오기로 한 약속을 까맣게 잊어버렸다. 테마파크에 도착해서야 이 사실을 알아차렸지만 나를 데리러 한 시간이나 되는 거리를 달려오기에는 이미 너무 늦어버리고 말았다. 내 잘못이 아니었던 것이다. 하지만 나는 그 이후로 삼촌과 사촌들을 볼 때마다 이날의 감정이 떠올랐다. '저들은 정말 나를 싫어하지 않는 게 맞을까?'라고 의심하면서 가슴을 짓누르는 감정을 가까스로 진정시켜야 했다. 내가 떠올린 부정적 생각 중 어떤 것도 테마파크에 가지 않은 슬픔을 잊는 데 도움이 되지 않았다. 내면의 불만이 계속되어 수습해야 할 문제가 눈덩이처럼 커져만 갔다.

이러한 생각의 고리는 그 이후로 삼촌이 3년 동안 테마파크에 나를 여덟 번이나 데려가고 나서야 끊어졌다. 내 경험은 서글프고 결말도 불행한 이야기처럼 들릴 수 있다. 하지만 나는 부정적인 생각의 고리에 빠지려고 할 때마다 이날을 떠올린다. 만약 그날 나에게로 감정의 화살을 돌리지 않았다면 어땠을까? 삼촌이 오지 않는다는 걸 인정하고 우울한 기분을 가라앉히는 데 빠르게 집중했다면 그날의 슬픔이 오래가지 않았을 것이다. 그래서 나는 우리 집 현관에 치유의 공간을 만들었다. 그 공간이 보는 사람으로 하여금 당장의 문제를 해결해줄 수는 없지만 부정적인 기분만큼은 완화해주기를, 생각의 고리에서 빠져나와 앞으로 나아갈 힘을 주기를 바랐기 때문이다.

성장을 위한 쉼표가 될 수 있도록

식물은 생명이 붙어 있는 한 성장을 위해 무슨 일이든 기꺼이 한다. 3센티미터도 안 되는 줄기나 덩굴에서 꺾여버린 잎도 생육 조건만 맞으면 계속해서 성장해나간다. 나는 무수히 많은 식물에게 새 생명을 불어넣으면서 이런 모습을 눈앞에서 확인했다. 식물은 제 손으로 성장을 방해하지 않기 때문에 이토록 한결같이 자라는 반면, 사람은 성장에 도움이 되지 않는 방향을 스스로 선택하는 경우가 비일비재하다.

우리는 흔히 부상이나 질병뿐 아니라 해로운 사고방식이나 나쁜 경험을 회복하는 과정에서 성장의 뿌리가 연약해졌다고 느낀다. 세상은 보기 좋은 몸매, 효과 빠른 완벽한 식단, 유일한 건강 비책 같은 이상적인 본보기를 끊임없이 제시한다. 식물의 모습을 거울삼아 우리 모두가 유일무이한 존재라는 점을 마음속에 새겨두자. 우리는 사람들이 칭송하는 이상적인 모습을 갖추지 못할 수 있고, 또 그럴 필요도 없다. 바람직한 신체건강의 기준은 사람마다 차이가 있는 법이다. 자신의 내면과 상황을 관찰해 인식하고, 몸의 소리에 귀를 기울여 지금 내게 무엇이 필요한지 알아내는 방법을 활용해 스스로를 가꿔나갈 최적의 방법을 결정하자.

내면을 건강히 일구면 몸을 회복하는 토대를 마련할 수 있다. 우리는 평생 다양한 형태의 질병과 부상을 경험한다. 회복의 과정은 경험의 유형에 따라 서로 다른 양상으로 나타나며 어느 정도의 시간이 소요된다. 평생 떨쳐낼 수 없는 질병이나 상처를 가지고 태어나는 사람도 있고, 어쩌다 보니 발가락을 다치거나 뼈가 부러진 사람도 있다. 이때 회복을 억지로 밀어붙여서는 안 된다. 그리고 기대한 만큼 눈에 띄는 진전이 없을 때 쉽게 포기해버린다면 회복하지 못하도록 스스로 발목을 잡는 셈이다. 내가 구조한 식물들이 하루아침에 생명의 기운을 틔워낸 건 아니었다. 죽음의 기운이 사라지기까지 대개 1년 가까이 걸렸다. 너무 서둘러 문제를 해결하려고 하면 오히려 감염이나 추가 피해에 노출되어 회복 과정이 더뎌질 수 있다.

이렇게 회복 과정을 거치는 동안 친절과 인내심, 긍정성의 마음으로 자신을 대해야 한다. 조금 더 너그러워지도록 스스로를 사려 깊게 대하고 실수를 배움의 기회로 삼자. 변화를 경험하고 회복을 시도힐 때에는 참고 견디는 마음으로 나아가야 한다. 우리 안에 겹겹이 쌓인 층을 모두 회복하려면 회복에 필요한 모든 단계를 빠짐없이 거쳐야 하기 때문이다. 마지막으로 어떤 고난이나 역경을 만나도 최선의 모습으로 담대하게 맞설 수 있도록 긍정적인 마음을 잃지 말자.

긍정적으로 생각하는 연습을 실천하니 내 몸과 교감하며 필요한 것을 파악하는 일이 한결 수월해졌다. 나는 에너지에 초점을 맞춰 '색깔' '모양' '감각' '구성요소' '회복'이라는 새로운 관점으로 내 몸을 바라보게 되었다. 몸은 여러 부분이 함께 어우러져 기능하는 집합체라는 깨달음도 얻었다. 이를 계기로 그동안 느꼈던 수치심과 좌절감에서 벗어나 내 모습을 있는 그대로 받아들이면서 성장을 거듭했고, 더 건강한 삶의 질에 한층 가까이 다가설 수 있었다.

우리 안에 있는 에너지에 관심을 쏟지 않으면 신체건강을 증진하겠다는 목표를 이뤄내기 어렵다. 지금 에너지를 어떻게 사용하는가? 또 어떻게 낭비하고 있는가? 에너지를 다루는 방법을 터득하면 힘을 낭비하지 않고 하루를 여유 있게 보낼 수 있다. 나는 리듬이 깨졌다고 느낄 때면 심호흡을 통해 안정을 되찾는 방법을 이용한다.

식물을 통해 우리는 색깔, 모양, 질감, 구성요소가 사람을 저마다 독특한 존재로 만들어준다는 가르침을 얻을 수 있다. 신체건강의 상태를 파악하고 싶다면 몸 색깔을 참고하라. 자신의 생김새를 있는 그대로 받아들이고, 건강한 신체의 기준을 판단하는 잣대는 어디에도 없다는 점을 기억하자. 겉모습에 상관없이 누구나 공동체와 환경에 기여할 재능을 갖고 있는 법이다. 몸이 건네는 이야기에 귀를 기울여라. 내 몸의 목소리를 가장 잘 들을 수 있는 사람은 그 누구도 아닌 바로 나 자신이다. 현재 이 순간에 초점을 맞추도록 몸이 질감과 같은 특정한 자극에 어떻게 반응하는지 관심을 두라. 이 방법을 실천하면 그날 하루 몸과 마음이 느끼는 감정을 좀 더 쉽게 구분할 수 있을 것이다. 정리하자면 우리가 누구이며 어떤 존재인지 폭넓게 이해한다면 삶의 질을 향상하는 취미, 습관, 일과를 구상하는 일이 가능해진다. 회복이라는 목표를 달성하고 성장을 향해 끊임없이 전진할 토대를 마련할 수 있는 것이다.

식물을 돌보며
나를 일구는 시간

우리는 식물을 가꾸는 활동을 통해 나 자신을 정성껏 보살필 책임이 있다는 교훈을 되새길 수 있다.

❶ 동네 공원이나 묘목 농장을 찾아가라. 천천히 거닐면서 녹음이 자아내는 아름다운 정취를 감상해보자. 서두를 필요는 없다. 오늘의 목표는 마음이 끌리는 식물을 발견하는 것이다. 색깔이나 모양이 인상적이거나 아찔한 향기가 매혹적인 식물을 찾아내면 된다. 마음을 끄는 매력이 무엇이든 간에 새로운 동반자는 금방 눈에 띄기 마련이다.

❷ 마음이 가는 식물을 발견했다면 건강하게 키우기 위해 무엇을 해야 할지 생각해보자. 창턱을 깨끗이 치워둘까? 아니면 땅을 고르고 잡초를 뽑아내는 게 좋을까? 이렇게 하려면 어떤 도구가 필요할까? 식물이 어떤 조건에서 잘 자랄지 모르는 경우에는 화원이나 묘목원에 있는 전문가에게 물어보거나 관련 자료를 찾아보자.

❸ 일단 집으로 식물을 가져왔으면 이제 실험을 시작할 차례다. 실내용 화초라면 집 안에서 (조심스럽게) 이곳저곳 자리를 옮기면

서 최적의 공간을 찾아내야 한다. 일조량과 수분 그리고 식물을 관리하는 방식에 어떻게 반응하는지 지켜보면서 새로운 동반자가 무엇을 원하는지 파악하자.

❹ 식물의 생장 상태를 확인하고 물을 주고 자리를 옮길 때마다 자신을 되돌아볼 기회를 함께 마련하자. 지금 내 몸의 에너지는 어떤 상태인가? 성장 지향적 취미, 습관, 일과를 꾸준히 실천하고 있는가? 식물을 돌보면서 스스로를 정성껏 보살피자.

❤ 덧붙이는 말 ❤

나도 업무와 프로젝트에 몰두한 나머지 스트레칭을 건너뛰거나 특정한 영양소를 섭취하지 않거나 휴식하는 일조차 까맣게 잊어버릴 때가 있다. 이렇게 내 몸을 소홀히 할 때에는 식물도 제대로 돌보지 못한다는 사실을 문득 깨달았다. 어떤 식물이 기운을 잃고 시들해진다는 건 내 일상의 리듬이 깨졌다는 전형적인 징조이기에 다시 정상 궤도에 올라야 한다는 경각심을 갖게 된다.

3부

결국은 '영혼'이라는
꽃을 피우는
그들의 방법

"정원을 건강하게 비꾸는 비결이 무엇인가요?"

내 정원을 직접 방문하거나 온라인에서 사진으로 접하는 사람들이 늘어나다 보니 어떻게 이런 공간을 조성했는지 궁금해하는 질문을 많이 받는다. 곰곰이 생각해보면 정원과 내가 나란히 함께 성장한다는 게 비결이 아닐까 싶다. 스스로를 세심하게 돌보다 보면 내가 가진 공간을 비옥하게 일궈나가고, 이곳을 터전으로 하는 식물과 생명체도 함께 번성한다. 정원은 마치 보답이라도 하듯 생기를 북돋아주고 평온함을 안겨준다. 하나로 연결된 우리의 관계가 더할 나위 없이 소중하게 느껴진다. 이렇게 나는 정원을 통해 마음의 평화와 몸의 균형, 영혼의 조화를 지켜나간다.

1부에서 우리는 긍정적 사고방식을 키우고 내면의 평화를 찾기 위해 마음속 정원을 조성하는 방법에 대해 이야기했다. 이어진 2부에서는 식물의 외형적 특징과 나의 경험을 통해 건강하고 균형 잡힌 신체를 어떻게 가꿔나갈 수 있을지 살펴보았다. 지금부터는 서로 다른 식물들이 어떤 방식으로 어우러져 하나의 정원을 이루는지 생각해보자.

처음 이사 오던 날 우리 집을 방문했던 사람이 오늘 다시 정원을 보러 온다면 두 공간이 같은 곳이라고는 짐작조차 하지 못할 것이다. 그때의 정원은 나무 몇 그루와 끈질긴 잡초만 듬성듬성나 있는 척박하고 거대한 흙더미에 불과했다. 나는 몇 년 동안 공간을 조성하고 씨앗을 뿌리고 퇴비를 주는 방법을 배우면서 흙더미가 몰라보게 변해가는 과정을 지켜보았다. 정원은 나날이 제힘으로 생명력을 더해가기 시작했다.

영혼을 조화롭게 하는 정원

처음에는 애리조나물푸레나무Arizona ash를 둘러싼 원형 화단 안에서 다양한 실험을 해보며 정원을 일궈나갔다. 자주색달개비와 콜로카시아, 색색의 칼라디움, 갈풀sword grass, 칸나canna 구근이 차츰 성장하며 모습을 드러내자, 식물 하나하나의 특징을 파악하고 조금씩 서로 다른 개성과 요구를 습득할 기회가 생겼다. 색깔과 모양을 자세히 관찰하고 기후에 어떻게 반응하는지도 살피고 식물이 한데 어울리며 펼쳐내는 정취에 감탄하기도 하면서 하루하루를 보냈다.

그러다 문득 이런 생각이 떠올랐다. '서로 다른 식물이 같은 땅에서 조화롭게 어울리면서 공동체가 형성되는구나!' 나는 물푸레나무 주변에 있는 식물들이 서로 어떻게 교감하는지, 성장해가는 공동체에 어떤 영향을 미치는지 두 눈으로 목격했다. 때로 경솔한 판단으로 형편없는 표토를 선택하는 등 내 손으로 균형을 무너뜨릴 때도 있었지만 식물들은 함께 힘을 모아 균형을 되찾아갔다. 식물 하나가 시들해지면 나머지도 같은 운명을 맞이할 조짐을 보이기도 했다. 식물은 저마다 홀로 존재하는 게 아니라 커다란 공동체의 일부로서 함께 얽히고설키며 결속했다.

나는 정원을 가꾸며 배움을 얻는 과정에서 성취감을 맛보고 나보다 더 큰 존재와 교감한다는 느낌을 받았다. 정원을 가꾸는 일과가 나도 모르는 사이에 영적 실천으로 바뀌게 된 것이다. 종교적 활동을 했다는 뜻이 아니다. 우리 안에 살아 숨 쉬는 동시에 모든 생명체를 죽음의 순간까지 지탱해주는 거대한 힘인 '생명'의 일부분을 구성하는 본질적 에너지, 영혼을 조화롭게 했다는 뜻이다.

평화로운 마음과 균형 잡힌 몸을 이루려고 노력하는 것처럼 우리는 평정심composed, 주의력alert, 관계지향성engaged을 유지함으로써 영혼의 조화를 추구해야 한다. 그리고 내게 즐거움을 주는 정원 관리는 내 영혼을 조화롭게 만들어주는 일과다. 하지만 안타깝게도 빠르게 흘러가는 현대 사회에서 많은 사람이 자신의 영혼을 조화롭게 만들어주는 일과를 꾸리지 않고 살아가고 있다.

누구에게나 영혼이 있지만 조화롭고 풍요로운 영혼은 마음먹고 노력하는 사람만 얻을 수 있다. 무엇보다 우리 안에 숨 쉬는 생명을 의식하면서 우리가 어떤 존재와 생명을 공유하고 있는지 그리고 공동체와 환경에서 어떤 영향을 받고 있는지 자각해야 한다. 애리조나물푸레나무 주위에서 자라던 여러 식물처럼 우리는 결코 혼자가 아니며 우리를 둘러싼 존재의 영향을 받는다.

나는 이렇게 인식해야 하는 이유를 크게 두 가지로 생각한다. 첫째, 영혼의 자각은 몸과 마음을 이어주기 때문에 삶의 질을 향상하는 토대를 닦는 데 핵심 역할을 한다. 둘째, 우리 주변에 살아 숨 쉬는 생명체와 영혼을 공유해 강력한 공동체를 건설하고 건강한 환경을 조성하는 방법에 눈뜰 수 있다. 정원에서는 이런 일이 매일 일어난다. 식물, 곤충, 벌레, 새 등의 생명체가 모두 함께 어울려 커다란 힘을 공유하면서 정원을 꾸려나간다. 꽃가루를 운반하는 곤충과 꽃이 성장을 위해 서로 의존하는 모습을 보면 정원에서 어떤 존재도 홀로 살아갈 수 없음을 몸소 느낄 수 있다.

어디에서 누구와 함께 성장하는지는 훗날 성장의 결과를 결정하는 중요한 외부 요인이다. 공동체와 환경을 평가하고 우리에게 미치는 영향을 이해하며 지속 방법을 모색하기 위해서는 조화로운 영혼이 필수다. 마음의 평화, 몸의 균형, 영혼의 조화를 달성하면, 환경을 일궈나가면서도 더불어 성장하는 공동체를 이룰 수 있다.

우리는 모두 연결되어 있다

2부 첫머리에서 언급한 마을에 다시 가보기로 했다고 하자. 마을을 이곳저곳 돌아보다가 예전과는 너무도 달라진 모습에 깜짝 놀라고 만다. 나무와 잎사귀가 무성했던 자리에 오두막과 가옥, 정원이 들어찬 모습을 보니 많은 사람이 길을 트고 이곳에 들어온 게 분명했다. 내가 처음 본 마을의 모습은 이제 어디에서도 찾아볼 수 없다. 주위를 둘러보다가 문득 궁금해진다. '사람들은 다 어디에 있지?'

가장 가까운 집으로 걸어가 현관문을 두드린다. 대답이 없다. 다른 집으로 가본다.

연달아 몇 집을 방문한 끝에 드디어 누군가 문을 연다.

"지금은 이야기하기 곤란합니다. 정원에서 일하는 중이에요." 그는 퉁명스럽게 내뱉고는 문을 닫아버린다. 무언가에 사로잡힌 듯 이글대는 눈빛을 보니 정원에 맹목적으로 집착했던 내 모습이 불현듯 떠오른다. 나도 정원에 지나치게 신경을 쓴 나머지 누군가 문을 두드렸을 때 계속 일해야 한다는 생각에 되돌려보내 지 않았는가.

'그때 나도 이 사람처럼 말하고 행동했을까? 누군가 나를 찾아왔을 때 정원 일을 잠시 멈췄다면 어땠을까?' 그랬다면 아마 죽음의 그늘이 정원을 잠식해 모든 것을 파괴해버리기 전에 미리 조짐을 알아차렸을 수도 있다.

다시 현관문을 두드린다. 아까 나왔던 사람이 성가시다는 듯 화가 잔뜩 난 표정으로 문을 벌컥 연다.

"바쁘다고 했을 텐데요. 빨리 가서 정원을 봐야 해요. 할당량을 채워야 한다고요." 그의 입에서 '할당량'이라는 말이 떨어지기가 무섭게, 허구한 날 식물을 관리하면서 느꼈던 중압감과 패배감이 생생하게 밀려온다.

내 경험이 도움이 될 거라고 생각하면서 말할 기회만 엿보다가 이렇게 이야기한다. "이해합니다. 저도 정원사예요. 제가 도와드릴 수 있습니다." 그가 다시 문을 닫으려 하자 나는 황급히 덧붙인다. "일하는 데 방해가 되지는 않을 겁니다."

그는 아무 말도 하지 않은 채 따라오라고 손짓한다. 정원에 들어서니 격자 울타리에 늘어진 덩굴 잎이 누렇게 변해가는 모습이 눈에 띈다 칼라디움에 달라붙어 포식하는 진드기 떼와 땅 위에 수북이 쌓이기 시작한 쓰레기 더미도 보인다.

다행히 정원 중앙부에 자리한 장미 덤불은 생기 넘치는 화사한 자태를 뽐내고 있다. 한때 내가 키우던 장미 덤불도 이렇게 아름다웠다.

내가 정원을 방치한 지 얼마 되지 않았을 때가 꼭 이런 모습이었다. 그때는 하던 일을 멈추고 진드기를 처리하거나 덩굴을 살펴볼 생각을 하지 않았다. 나를 찾아온 사람들을 시간이 없다는 이유로 모두 돌려보냈다.

"장미 덤불을 돌보는 동안 제가 칼라디움에서 진드기를 떼어내겠습니다. 여기는 잎을 조금 잘라내야 하지만 분명 상태가 더 좋아질 겁니다."

정원사가 끙끙대면서 간신히 나를 쳐다보더니 이내 허리에 손을 짚은 채 장미 덤불 위로 몸을 구부린다. 나는 예전에 허리를 곧게 펴기가 얼마나 고통스러웠는지를 떠올리면서 손으로 등허리를 만져본다.

우리는 한 시간 동안 아무 말도 없이 일한다.

"격자 울타리에 있는 덩굴에 마지막으로 물을 준 게 언제죠?

정원사는 내 존재를 까맣게 잊고 있었다는 듯 움찔하더니 사납게 노려본다.

"덩굴에 신경 쓸 시간이 없습니다. 잘 자라지도 않으니 할당량에 포함할 수도 없어요. 장미 덤불에만 집중할 겁니다."

"정원을 가꿀 때 저도 그렇게 생각했어요. 하지만 이제 모든걸 잃게 될 거예요. 장미 덤불도 죽어가고 있고요. 제대로 돌보지 않으니 성장을 멈출 수밖에요." 나는 정원사를 장미 덤불에서 데리고 나와 진드기를 떼어낸 칼라디움과 쓰레기를 말끔히 치운 정원의 모습을 보여준다.

"저도 여기 있을 때는 정원에 있는 모든 식물이 서로 연결되어 있다는 사실을 깨닫지 못했어요. 식물은 하나의 공동체나 마찬가지죠. 화단을 주기적으로 깨끗하게 관리했더라면 허리도 제대로 펼 수 있었을 테고 식물도 살릴 수 있었을 겁니다. 결국에는 화단 하나에 스며든 병충해가 다른 화단까지 침범하고 말았어요. 토양에 쓰레기가 쌓이면서 모든 생명체가 숨을 쉬기 어려워졌고요. 식물이 모조리 죽어나갈 때까지도 정원을 돌아보지 않았어요. 매일 장미 덤불 위에서 몸을 혹사하는 게 전부였죠. 당신도 이런 환경에서 병들어가고 있을 겁니다. 허리에 통증이 있지 않나요?"

정원사는 허리를 만져보다 날카로운 통증을 느끼고는 할 말을 잃은 채 잠자코 서 있다가 말한다.

"당신이 나를 돕겠다고 고집부리지 않았다면 전혀 몰랐을 겁니다. 다른 사람들도 찾아온 적이 있지만 모두 돌려보냈어요. 매일 할당량을 지키려고 애쓰다가 이제 장미 덤불에만 온 신경을 집중하기 시작했죠. 목표를 달성하는 가장 손쉬운 방법이라고 생각했거든요. 하지만 다른 식물을 전부 등한시하는 선택이라는 걸 깨달았어요. 제 자신도 포함해서요."

"저도 사람들을 돌려보냈습니다. 이제 식물이 모조리 시들어버려서 아무것도 생산할 수 없는 처지가 됐죠. 우리가 함께 이 정원을 바로잡으면 당신은 할당량을 채우고도 남을 겁니다. 당신도 나처럼 정원을 잃지 않도록 힘을 보태고 싶습니다."

나는 정원사와 함께 머물면서 정원 구석구석을 말끔히 정비한다. 모든 일이 마무리되자 정원사는 꺾꽂이용 가지와 씨앗을 내게 건네준다. 할당량을 채우고도 새로 정원을 조성할 만큼 충분한 양이다.

우리도 스스로를 고립시키는 선택을 자처할 수 있다. 우리는 서로에게 필요한 존재지만 막상 마음이 혼란스러울 때는 도움을 주려는 사람의 말을 새겨듣기 어려운 게 사실이다. 하지만 공동체와 환경이라는 대단한 자원을 통해 얻을 혜택을 소중히 여기지 않는다면 이 정원사와 같은 전철을 밟을 가능성이 높다. 잠재력을 극대화하고 주위에 존재하는 기회를 놓치지 않으며 같은 실수를 반복하는 위험을 피할 수 있도록 영혼을 조화롭게 하는 데 힘써야 한다.

영혼을 일깨우는
시간

영혼을 돌보는 일은 식물 한 포기를 키워내는 과정과 같다. 모두의 영혼에는 성장 잠재력이 숨어 있고 적절히 관리만 해주면 꽃을 피워낼 무한한 가능성이 있다. 꽃봉오리가 만개하기 전에는 영혼 안에서 조화를 도모해야 하지만, 꽃망울이 열리면 나와 같은 흙을 공유하는 식물이나 생명체와 어울림의 가치를 나눌 수 있다.

우리는 영혼의 조화를 도모함으로써 마음의 평화와 몸의 균형을 이룰 뿐 아니라 생명이라는 커다란 힘과 교감할 수 있다. 영혼의 조화를 꾀하는 절대적 방법은 존재하지 않지만, 영혼의 평정심, 주의력, 관계지향성을 유지하게 해주는 모든 수행이 여기에 해당한다. 나는 다양한 방법을 시도해보다가 정원 가꾸기와 영감

훈련하기, 진동 조절하기, 스틸니스stillness* 찾기, 명상하기에 흥미를 붙이게 됐다.

영혼의 조화가 망가졌을 때

영혼의 조화는 평정심을 유지하면서도 주의력이 높으며 관계지향적인 상태를 의미한다. 평정심을 갖추면 몸과 마음을 적절히 통제하면서 몸과 마음 사이에서 일어나는 문제를 해결할 수 있다. 지금 이 순간에 충실하면서도 평정심을 유지하려면 주의력을 잃지 않아야 한다. 관계지향성은 사람들과의 상호작용에서 절제력과 동기 부여, 적극성을 발휘하는 것이다.

그렇다면 어떻게 평정심을 유지하고 주의를 늦추지 않으면서 관계지향적인 삶을 살아갈 수 있을까? 평정심을 함양하기 위해서는 마음과 몸의 건강에 공을 들일 필요가 있다. 나는 1부와 2부에

---

* 미국의 주목받는 철학자 라이언 홀리데이Ryan Holiday에 따르면 지도자, 예술가, 운동선수 등 각 분야의 뛰어난 사람들은 공통적으로 '내면의 고요'를 추구한다. 불교에서는 이를 우뻬카upekka라고 하고 이슬람교에서는 아슬라마aslama, 기독교에서는 아이콰니미타스æquanímitas라고 한다. 영어로는 스틸니스stillness라고 말한다.

서 이야기한 내용을 실천하면서 엄청난 도움을 받았다. 높은 주의
력은 원인과 결과를 세심하게 관찰하고 세상에 존재하는 모든 사
물의 상호 연결성을 이해하려 노력할 때 얻을 수 있다. '우리의 선
택과 행동이 어떤 결과를 초래할 것인가?' '우리는 타인의 행동과
세상의 흐름에서 어떤 영향을 받는가?'와 같은 질문을 끊임없이
스스로에게 던져야 한다. 끝으로 몸과 마음을 절제하고, 역경을
마주했을 때 용기를 발휘하며, 사람들과 소통할 때 건강한 자극을
줄 수 있다면 관계지향적인 삶을 꾸려나갈 수 있다.

　나는 실내에서만 식물을 기르다가 뒤뜰까지 영역을 확장하면
서 영혼이 변화하는 경험을 했다. 식물 관리의 영역이 넓어지다
보니 자연스럽게 새로운 책임과 일과가 따라왔다. 하지만 업무와
정원 관리를 병행하는 데 한계가 있어 스트레스를 해소하고 변화
에 적응할 시간이 필요했다. 다행히 나는 정원을 가꾸기 위해 필
요한 책임을 완수하면서도 몸과 마음 그리고 영혼을 동시에 단련
할 수 있었다. 정원에서 일하는 시간은 내게 안정감을 주었다. 식
물에게 물을 주려고 출근 시간보다 여유 있게 일어나는 날이면 그
날 하루를 견뎌낼 평온한 에너지와 평정심을 얻을 수 있었다. 짜
증도 덜 나고 마음이 즐거웠다.

　해가 거듭될수록 일정이 눈코 뜰 새 없이 바빠졌다. 에너지가
바닥나기 시작하면서 출근 전에 일찍 일어나기가 점점 버겁게 느

껴졌다. 정원에서 일하면서 평온한 마음을 북돋울 수 있는 유일한 시간이 한밤중뿐이었다. 하지만 아침에 물을 뿌려주지 않으면 식물이 견뎌내기 어려울 정도로 날이 더웠다. 밤에 물을 주는 것만으로는 충분하지 않았다. 날이 밝으면 태양이 하늘 꼭대기에 걸리기도 전에 수분이 대부분 증발해버렸기 때문이다. 이런 일과를 반복하다 보니 에너지는 더욱더 소진되고 평정심을 지켜나갈 힘이 점점 줄어들었다. 식물이 고통받는 건 불 보듯 뻔한 결과였다.

나는 삶의 질을 추구하기 위해 문제를 해결하는 과정에서 선택의 원인과 결과를 주의 깊게 살핀 후 미래의 선택에 도움이 될 만한 정보를 이끌어냈다. 또한 식물뿐 아니라 나 자신과 더 좋은 관계를 형성하도록 평정심을 키우고 스스로에게 동기를 부여하는 데 주력했다. 그 결과 정원을 건강하게 가꾸는 일과를 조정하고 아침 일찍 일어나기로 결심했다. 이것이 바로 영혼을 조화롭게 만드는 영적 실천의 핵심이다. 우리의 선택이 나 자신과 공동체, 환경에 어떤 영향을 미치는지 이해하고, 우리 모두에게 유익한 선택이 무엇인지 판단해야 한다.

영적 실천을 통해 우리의 영혼을 일구자. 나는 이 장에서 제시하는 모든 방법을 매일 실천하기보다는 그때그때 내 모습을 확인하면서 영혼의 조화를 유지하는 데 무엇이 필요할지 결정한다. 이런 활동을 일과에 처음 접목해본다면 작은 일부터 시작해 시간을 갖고 천천히 탐색하면 된다. 명상을 하는 방식이 나와 다르다고 해서 걱정할 필요 없다. 사람마다 느끼는 필요와 경험은 서로 다른 법이다. 건강하고 행복한 삶을 위해 따로 마련한 시간을 충분히 누리면서 성장의 기회로 삼아보자.

영혼의 욕구를 파악하고 균형을 놓치지 말라

식물이 각양각색으로 성장하는 모습을 보면 어느 식물에든 영감이 풍부하게 담겨 있다는 생각이 든다. 덩굴은 하늘로 오르려 하고 관목은 덤불을 이루려 하고 풀은 땅을 타고 퍼져나가려 한다. 식물이 저마다 다르게 성장하는 이유는 셀 수 없이 많겠지만, 나는 식물의 타고난 영감이 그 일부분을 차지한다고 생각한다.

1부에서 살펴본 바와 같이 영감이란 영혼이 자아내는 욕구로 흔히 열정이라고 알려져 있다. 영감이 우리를 사로잡는 방식은 매우 강렬하다. 영감은 꼭 유익하거나 해로운 충동이라기보다는 우리의 마음을 끌어당기는 영혼의 욕구로 이해할 수 있다. 나는 왜 정원에 마음이 끌릴까? 엄마는 왜 몸이 아픈 사람을 돌보고 싶어 할까? 우리가 영감에 이끌리는 이유를 설명할 수는 없지만 영감을 늘 의식해야 한다는 건 분명하다. 영감에 사로잡히면 열의가 넘치고 활력이 솟아나는 경우가 많기 때문에 어렵지 않게 영감의 존재를 감지할 수 있다. 영감은 우리에게 뜻깊은 경험을 선사해주며, 우울한 시기에도 앞으로 나아가게 해주는 강력한 도구로 작용한다.

내 안의 영감과 교감할 때 평정심, 주의력, 관계지향성이 향상된다면 영감을 느끼는 행위 자체가 영적 실천이 된다. 영감의 도움으로 마음을 통제하고 우리를 둘러싼 세상과 경험의 패턴을 이해하며 성취감을 찾을 수 있는 것이다. 이렇게 영적 실천을 성공적으로 수행하면 생기를 되찾고 에너지를 회복할 수 있다. 우리의 내면은 언제나 영감으로 가득 차 있다. 동의하지 못하는 사람은 아마 영감의 존재를 눈치채지 못했거나 마음이 너무 산란해 미처 알아차리지 못한 것일지도 모른다. 이 장에서 소개하려는 실천 방법은 어지러운 마음을 걷어내고 영감과 교감하게 해주는 데 유용한 도구다.

우리가 느낀 영감을 영적 실천으로 옮길 때는 삶의 질과 공동체, 환경이 대가를 치러야 하는 건 아닌지 분별할 필요가 있다. 자신이나 타인의 삶의 질을 저해하는 영감과 교감했다고 해서 무작정 충동을 좇거나 영감에 따라 행동해서는 안 된다. 예컨대 당신보다 키가 낮은 식물이 햇볕에 굶주려 말라가더라도 그 식물의 잎사귀로 그늘막을 만들고 싶은 영감이 마음속에 일렁댈지도 모른다. 이런 생각이 든다면 불필요한 문제를 만들어내지 말고 영혼을 빛내워주는 취미, 습관, 일과에 마음을 두고 집중하다.

또한 우리가 느낀 영감이 삶의 질을 무너뜨리는 경우도 있기 때문에 몸과 마음이 영감과 균형을 이루도록 관심을 기울여야 한다. 우리가 심어놓은 덩굴이 화분을 벗어나고 있는가? 만약 그렇다면 어디를 향해 뻗어가고 있는가? 성장하기 위해 햇빛을 향해 가는 걸까 아니면 정처 없이 뻗어가면서 에너지만 축내는 걸까?

나는 대학교 2학년 때 한동안 우울감에 빠져 살다가 우연히 고장 난 피아노를 고치게 됐다. 이를 계기로 내 방에 있던 건반 악기와 함께 음악이라는 활기찬 여정에 몸을 실었다. 그런데 이 새롭고 멋진 방식으로 영감을 활용하는 과정에서 나는 영감이 몸에 미치는 영향을 관리할 필요성을 느꼈다. 내 몸이 망가지고 있었기 때문이다.

밤 12시든 새벽 2시든 중요하지 않았다. 열네 시간에 걸친 하루 일정을 마무리하고 집에 돌아오면 예전처럼 숙제를 하거나 잠을 청하는 대신 매일 밤 건반을 두드렸다. 그 무엇도 나를 방해할 수 없었다. 나는 건반을 연주하면서 머릿속에 떠오르는 멜로디를 끄집어내는 데 열을 올렸다. 그동안의 경험이나 정서적 느낌, 실험 정신에서 영감을 얻어 멜로디를 만들어냈다. 곡이 완성되면 주변 사람에게 들려주고 어떻게 생각하는지 의견을 물었다.

당시 예술학교에 다니던 나는 악보 없이 건반을 연주하는 법을 익히고 있었다. 각 분야에서 최고가 될 자질을 갖춘 동급생들에 비하면 경험이 한참 부족했기 때문에 마음 한구석으로 늘 신경이 쓰였다. 음표를 잘못 이해하거나 악보 읽는 방법을 모른다고 비웃음을 살까 봐 내가 만든 음악을 누구에게 들려줄지도 오랜 고민 끝에 결정하곤 했다. 마침내 청중에게 음악을 선보일 때면 짜릿한 기분을 느꼈다. 나는 친구들의 근사한 감상평에 도취해 다시금 충만해진 에너지로 매일 밤을 뜬눈으로 지새우며 연습에 몰두했다.

어느 날, 학교 식당에서 식사를 하는데 한동안 보지 못했던 친구 한 명이 다가와 말을 걸었다. "마커스, 오랜만이다! 그런데 무슨 일 있어? 얼굴이 안 좋아 보이네."

"응? 그게 무슨 말이야?" 나는 영문을 몰라 되물었다. 눈 주변이 거무스름하다는 친구의 말에 화장실로 달려가 거울을 들여다보았다. 정말 그랬다. 기진맥진하고 녹초가 된 모습이었다. 늦은 밤에 내 영혼은 풍부해졌지만 몸이 그 대가를 톡톡히 치렀던 것이다. 시간 관리에 절제력을 발휘하지 못한 탓에, 영감에서 우러나온 영적 실천은 해로운 무기로 변모하고 말았다.

영감은 마치 강력한 에너지 음료처럼 영혼의 기운을 북돋아주지만 영혼이 휘몰아대는 충동에 휩쓸리지 말고 삶의 질과 공동체를 고려해 균형을 잡도록 노력해야 한다. 나는 음악을 들으며 우울증을 이겨냈지만 음악에 빠져 몸을 소홀히 하는 바람에 균형을 잃고 말았다.

이 모든 사태는 내가 영감을 적절히 통제하지 못한 탓에 발생했다. 내 안에서 올라오는 영감을 제대로 통제했다면 충분한 수면을 취하면서도 온전한 삶의 질을 우선순위에 올려두었을 테고, 이미 꽉 찬 일정표에 연주 시간을 욱여넣기 어렵다는 사실도 인정했을 것이다. 그렇게 하지 못했기 때문에 결국 내 영감과 자아는 위기에 처하고 말았다. 다행히도 나는 이 경험을 통해 깨달음을 얻었고, 다른 사람과의 관계나 내 몸과 마음을 해치지 않으면서도 영감을 일과에 접목하는 방법을 터득할 수 있었다.

잠재력을 깨우는 고요의 시간, 스틸니스

식물이 항상 노래한다는 것을 아는가? 모든 식물은 제각기 다른 노래를 품고 있다. 심지어 식물이 내는 소리를 사람이 들을 수 있는 소리로 변환해주는 장치도 있다. 나는 여기서 노래는 진동의 결과물이라는 사실을 말해두고 싶다.

우주의 모든 존재는 움직이기 때문에 끊임없이 진동하며, 이 진동은 주파수라고 알려진 패턴을 만들어낸다. 사람의 귀로는 식물의 노랫소리를 들을 수 없지만 식물이 내는 주파수는 민감하게 느낄 수 있다. 우리는 외부에 존재하는 주파수의 영향을 받는 동시에 우리가 발산하는 주파수로 주위에 영향을 미친다. 우리를 구성하는 모든 요소는 진동을 거듭하면서 제각기 다른 주파수를 발산하며, 현재 우리의 상태에 따라 총체적 진동의 양상에도 차이가 생긴다. 다사다난했던 하루를 노래에 담아낸다고 상상해보자. 듣기만 해도 행복한 음악인가 아니면 분노에 가득 차 있거나 비탄에 잠긴 음악인가?

영혼의 진동과 주파수에도 같은 원리가 적용된다. 영혼이 조화를 이루면 잔잔하면서도 마음을 끌어당기는 진동을 내기에 우리가 내뿜는 주파수도 그만큼 온화해진다. 자신이 발산하는 진동과 주파수를 늘 의식하면 최상의 자아를 이끌어낼 수 있다. 말할 때 목소리의 어조에 신경을 쓰고 표정이나 태도에 관심을 기울이면 경험의 질을 향상하는 데도 도움이 된다. 몸과 마음을 차분히 가다듬는 자세는 생각보다 더 큰 힘을 발휘한다. 이 힘을 소중하게 생각하고 성장을 향해 나아가는 데 활용하자. 그를 위해 여기서부터는 몸과 마음을 차분히 가다듬는 고요함의 시간, 스틸니스를 설명하고자 한다.

인생에는 행복한 날도 불행한 날도 있기 마련이지만 힘든 일이 좋은 일보다 더 많을 때 일상에 혼란이 찾아온다. 직장생활 속에서 전화, 문자, 음성 사서함, 이메일 등 완수해야 할 책임을 알리는 알람이 끊임없이 울려대면서 녹초로 만들어버리는 상황은 부지기수다. 맡은 일을 제대로 수행하고 세상일에 적절히 대응해야 하는데 내 대답을 기다리는 수많은 알림 폭격이 쏟아지는 상황에서 모든 책임을 외면하고 삶의 질만 챙기기는 쉽지 않을 수 있다. 나는 마음의 평화와 몸의 균형, 조화가 무너진다고 느낄 때 스틸니스를 찾아나선다. 눈과 귀를 열어두기 위해 마음의 속도를 늦추고 잠잠히 고요를 누리면서 마음의 중심을 잡는 시간이다.

식물을 관찰하면서 고요에 관해 배운 점이 많다. 에너지를 아끼는 등 딱히 몰두해야 할 일이 없다면 식물은 늘 주의를 기울이면서 잠잠히 스틸니스를 누리는 듯 보인다. 나는 식물이 주변 상황에 적응하는 모습을 지켜보면서 이런 생각을 했다. 모든 식물은 어느 방향으로 성장할지 치밀하게 계획해 뿌리, 덩굴, 잎, 꽃이 성장하기에 최적인 장소를 골라낸다. 문제를 해결하려고 모인 사람들이 아무 진전 없이 서로 이야기만 쉴 새 없이 늘어놓는 모습을 본 적이 있는가? 이런 상황을 마주할 때면 침실 천장 아래쪽 선반에 나란히 올려둔 서로 다른 품종의 스킨답서스 화분을 떠올린다.

생존을 위해 두 화분 모두 햇빛이 필요했지만 선반 공간은 한정되어 있었다. 그러자 스킨답서스는 흥미로운 방식으로 성장했다. 어느 하나 뒤처지지 않고 같이 크도록 두 화분 사이의 공간을 잎이 뒤덮인 덩굴로 메워나간 것이다. 공용 공간을 독차지하거나 상대의 덩굴을 가리기는커녕 조화롭게 한 공간을 공유했다. 두 식물이 공존한 비결은 서로의 목소리를 경청하고 주의를 기울이면서 천천히 차분하게 협력한 것이었다. 스킨답서스는 고요함 속에서 성장을 거듭하면서 기꺼이 서로를 포용하고 상대에 맞춰 적응해나갔다. 두 식물이 타협점을 찾아 잎이 자라날 공간을 확보했기 때문에 내가 따로 다듬어줄 필요도 없었다.

고요는 잠들어 있던 인식을 깨워준다. 스틸니스를 체험해보자. 가만히 눈을 감는다. 최대한 깊숙이 숨을 들이마신 후 가능한 한 많이 숨을 내뱉는다. 이렇게 하면 몸이 깨어날 뿐 아니라 호흡에 집중할 수 있다. 호흡이 만들어내는 리듬에 편안히 몸을 맡기면서 고요해지는 내면을 느껴본다. 그리고 주위에서 들려오는 모든 소리에 귀를 기울인다. 머릿속 생각이 시끄러워 아무 소리도 들리지 않는다면 크게 숨을 내쉬면서 천천히 심호흡한다. 머리가 맑아지고 고요해지면 다시 한 번 귀를 기울여본다. 무슨 소리가 들리는가? 생명을 가진 존재가 근처에 있는가? 그렇다면 나는 어떤 영향을 받고 있는가? 또 나는 어떤 영향을 주는가? 스틸니스 속에서 중심을 잡고 잠잠히 주의를 기울이면서 내가 발산하는 진동의 기운을 조화롭게 조절해보자.

스틸니스를 체험하는 간단한 실천법을 10분 이상 지속할 경우 명상 수련의 효과를 기대할 수 있다. 명상은 문화에 따라 다양한 형태를 취한다. 일반적으로 명상은 우리 안에 존재하는 생명에 집중하면서 진동을 조절하고 고요함을 찾는 활동이다. 고요함 속에서는 주변 상황뿐 아니라 자신의 목소리에 귀를 기울일 수밖에 없다. 방법은 사람마다 다르지만, 자신과 효과적으로 교감하는 방법인 것은 분명하다. 이 기술을 잘 연마할수록 긍정적 사고방식에 집중하고 균형을 유지하는 리듬을 발견하며, 삶의 질을 지켜내기 위해 영혼이 더 조화로워진다.

사람들을 만날 때마다 나는 어김없이 이런 질문을 받는다. "식물이랑 대화하시나요? 식물한테 말을 걸면 더 잘 큰다는데 정말인가요?" 내가 식물과 대화하는 건 맞지만, 식물에게 이야기를 건네면 성장에 틀림없이 도움이 된다고 말하지는 않겠다. 대화를 하는지가 중요한 게 아니라 무엇을 말하는지, 어떤 마음으로 말하는지가 관건이기 때문이다. 말을 할 때 우리가 어떤 주파수를 내보내고 있는지를 간과해서는 안 된다. 심지어 자신이 보낸 진동이 튕겨 나와 되돌아올 수도 있는 법이다. 만약 식물에게 "못생긴 데다 쓸모까지 없구나"라는 독설을 내뱉으면 순탄한 성장을 기대하기는 어려울 것이다. 더구나 이런 행동은 자신에게 부정성을 불러들이도록 자초하는 짓이다. 나는 정원을 돌볼 때 커다란 목소리로 이렇게 이야기한다. "너희가 건강하게 성장하도록 보살필게. 그러면서 나에 대해서도 배워가고 싶단다." 식물은 마치 내가 건넨 말과 손길에 화답이라도 하듯 찬란한 빛깔과 야무진 모양새, 한결 행복해 보이는 얼굴로 정원을 장식해준다.

1부에서는 인내심을 발휘하려면 조급함을 버리고 느긋한 속도를 즐길 필요가 있다고 이야기했지만, 속도를 늦추면 평화로운 마음과 긍정적 사고방식을 유지하는 것 이상의 효과를 누린다. 내가 내보내는 진동과 주변의 수많은 진동을 연결하고 주의력이 높아져 원인과 결과를 더 쉽게 파악할 수 있다. 나는 이렇게 깨어난 인식을 활용해 공동체와 환경에 도움이 되는 분야에 시간과 에너지를 쏟으면서 긍정성을 전달하는 매개체가 되려고 노력한다. 세상의 모든 존재는 어떤 면에서든 서로 관계를 맺으며, 이러한 연결성은 강화될 수도 있고 억제될 수도 있다.

공동체

우리는
연결되어 있다

지금까지 우리의 영혼을 북돋우는 방법을 살펴보았다. 이제 땅에 단단히 뿌리내린 채 평정심을 유지하고 주의를 기울이면서 관계를 일궈나갈 준비가 되었으니, 자신이 커다란 정원 안에 숨 쉬는 하나의 식물이라는 점을 마음에 새기면서 영적 실천을 실행해보자. 내 옆에서 자라는 식물의 존재를 유심히 살펴본 적이 있는가? 꿀을 마시려고 내 꽃잎 주변을 콩콩대는 새와 벌의 존재를 알고 있는가? 그렇다면 새와 벌이 내뿜는 주파수는 내게 어떤 영향을 미치는가? 이 정원 공동체는 내가 성장해 나가는 데 도움을 주는가 아니면 나 혼자 어떻게든 꽃을 피워내기 위해 고군분투하고 있는가?

정원을 처음 만들고 건강한 공동체로 일궈나가려면 실천과 끈기가 필요하지만, 우리가 땅과 연결되어 있고 같은 땅을 공유하는 생명체와 교감하고 있다는 인식도 이에 못지않게 중요하다. 정원을 누리는 존재는 나뿐만이 아니며 나도 그런 모습을 원하지 않는다. 어떤 사람은 살충제 같은 수단을 이용해 다른 생물이 정원에 발도 들이지 못하게 하지만, 나는 정원을 찾아온 다양한 동물이나 곤충과 함께 정원을 꾸려나가려고 노력한다. 나 혼자서는 결코 이 공간을 풍성하게 일궈나갈 수도 없고, 모든 생명체는 어떤 방식으로든 정원을 푸르게 가꿔나가는 데 이바지할 잠재력을 품고 있기 때문이다. 흠잡을 데 없이 완벽하게 다듬어낸 미학을 창조해낼 생각은 없다. 오로지 생명이 성장하는 공간을 창출하는 게 내 목표다.

자신이 누구와 함께 자라는지, 또 누가 정원을 방문하는지가 성장의 모습을 결정한다. 우리에게 열린 마음만 있다면 양질의 공동체가 믿기 어려운 방식으로 힘을 보태줄 수 있다. 스킨답서스는 화분에서 홀로 자라도 잎이 풍성하게 달린 길쭉한 덩굴을 키워내지만, 나무 옆에 심어놓으면 뿌리와 덩굴, 잎이 열 배는 크게 자라난다. 혼자 힘으로는 불가능한 일이라도 함께라면 이뤄낼 수 있다. 우리는 서로에게 자원과 도구가 될 잠재력이 있기 때문이다.

영혼을 돌본다는 것은 모든 형태의 생명을 존중한다는 의미다. 다시 말해 우리를 둘러싼 모든 사람과 생명체 간의 연결성을 소중히게 생각한다는 뜻이다. 관계를 탄탄히 일구면 단결력이 우수하고 협동에 능하며 모든 구성원이 성장하는 힘 있는 공동체를 형성할 수 있다. 양질의 공동체는 보살핌과 지지, 격려를 아낌없이 제공해준다. 만약 공동체의 연결성을 지켜내는 책임을 간과할 경우 고립감과 부담감, 중압감이 뒤따를 수 있다.

내가 정의하는 공동체란 에너지와 자원, 환경을 공유하는 집단이다. 나는 지금까지 살아오면서 '포괄적 공동체greater communities'와 '선택적 공동체chosen communities'라는 두 가지 형태의 공동체를 경험했다. 포괄적 공동체나 선택적 공동체에서 누군가가 다른 존재의 성장을 억누를 때, 우리는 모두의 더 나은 내일을 위해 이런 갈등 관계를 해소할 필요가 있다. 서로 교류하는 과정에서 친절함과 인내심, 긍정성을 발휘하면 의사소통을 더욱 원활하게 만들 뿐 아니라 뒤엉킨 대화를 풀어낼 실마리를 찾을 수 있다.

몸과 마음, 영혼이 한데 어우러질 때 조화가 찾아오듯이 서로 손을 맞잡은 공동체에는 조화로운 기운이 스며든다. 조화로운 공동체 안에서 우리가 내보내는 진동은 어떤 유형의 주파수와도 융화를 이루어낸다. 건강한 공동체가 발산하는 진동은 낭랑하게 울려 퍼지며 성장을 촉진할 테지만, 파괴적인 공동체는 혼란스러운 진동으로 조화를 흩트릴 것이다. 성장을 지속하는 능력은 공동체와 떼어놓고 생각할 수 없다.

정원에서 전 지구까지 연결된다

우리는 공동체의 개념을 사람에 한정해 생각하는 경우가 많다. 하지만 정원에서 많은 시간을 보내다 보니 공동체는 비단 사람뿐 아니라 살아 있는 모든 생명체와 공유하는 것이라는 생각이 끊임없이 든다. 매년 봄이 되면 정원은 아름다운 생명체로 그득한 공간이 된다. 협죽도에 내려앉은 새들은 둥지를 지으려고 나뭇가지를 모으면서 서로를 향해 재잘댄다. 말썽꾸러기 청설모는 나중에 찾아가려는 듯 자기만의 보물을 풀밭 깊숙이 파묻어둔다. 벌과 나비는 장미와 피튜니아 사이를 부드럽게 유영하며 꿀을 찾기에 여념이 없다.

정원에서 날아다니는 새들은 벌레가 기하급수적으로 늘어나지 않도록 개체 수를 조절한다. 청설모는 땅을 파면서 정원 흙을 일궈준다. 사실 파는 장소를 어떻게 결정하는 건지 속을 알 수 없지만 다 계획이 있으리라. 벌과 나비는 식물에 꽃가루를 옮겨 생태계를 유지해준다. 식물을 가꾸려고 에너지를 쏟을 때 다른 생명체도 함께 돌볼 수 있다고 생각하니 정원을 날래게 가로지르거나 날개를 팔랑대는 생명체를 발견할 때면 그렇게 뿌듯할 수가 없다. 이런 정성에 보답하듯 동물과 곤충들은 내가 할 수 없는 방식으로 정원을 관리해준다. 이렇게 우리는 정원이라는 환경 안에서 생산적이고 호혜적인 공동체를 창조해간다.

'포괄적 공동체' 안에서는 같은 환경을 공유하는 모든 생명체가 연결되어 있다. 과일에 코를 파묻고 킁킁대는 청설모, 잎사귀를 야금거리는 달팽이, 흙에서 스멀스멀 자라나는 잡초가 모두 포괄적 공동체의 일부분을 구성한다. 나는 포괄적 공동체를 아우르는 환경의 범위를 명확히 규정할 수 없다고 생각한다. 우리가 어디에 있는가에 따라 기준이 달라지기 때문이다. 내가 집에 있을 때는 집과 앞뜰, 정원이 포괄적 공동체가 된다. 하지만 바닷가에서는 내 눈길이 닿는 먼 곳까지 포괄적 공동체에 포함된다고 말할 수 있다. 지구라는 포괄적 공동체를 아우르는 환경은 행성 전체로 확장된다.

어릴 때 살던 마을에서 수백만 마리의 시궁쥐와 생쥐가 들끓는 쓰레기장에 집을 건설하기 시작했을 때 포괄적 공동체라는 개념을 이해하게 되었다. 공사 과정에서 서식지가 사라지자 쥐들은 우리 동네 전역으로 새로운 보금자리를 찾아다녔다. 그러고는 마을이라는 포괄적 공동체에 세워진 건물에 속속 숨어들었다. 쥐 떼는 부유한 사람과 가난한 사람을 가리지 않고 마을에 있는 사업장과 가정집에 물밀듯 흘러들어갔다.

쓰레기장에서 공사를 하기 전에는 설치류로 골머리를 앓은 적이 전혀 없었다. 쥐는 새로운 보금자리를 찾아 헤매는 과정에서 온갖 문제를 일으키고 다녔다. 마을에 있는 음식이란 음식은 죄다 먹어치우는 바람에 식당 여러 곳이 문을 닫아야 했다. 밤에 잠을 자려고 누우면 지붕 위에서 쥐 수백 마리가 찍찍거리며 후다닥후다닥 뛰어다니는 소리가 들렸다. 우리는 집 곳곳에 덫을 놓았다. 엄마는 덫에 걸린 쥐를 수백 마리씩 쓸어버리곤 했다. 쥐를 퇴치하려고 독약을 쓰는 사람도 있었다. 하지만 반려동물들이 독이 퍼진 쥐를 잡아먹으면서 독약의 영향은 걷잡을 수 없이 퍼져나갔다.

이렇게 기괴하고도 끔찍한 경험을 계기로 같은 환경을 공유하는 생명체는 연결되어 있다는 깨달음을 얻었다. 우리가 설치류를 혼란에 빠뜨리고 내쫓는 바람에 쥐 떼가 사람이 사는 마을까지 내려와 우리의 생활방식을 바꾸도록 몰아가는 결과를 초래했다. 나는 쥐를 탓하고 싶지 않았다. 만약 쓰레기장을 그대로 놔두었다면 쥐가 서식지를 떠날 이유도 없었을 것이다. 인간과 동물을 별개의 존재로 생각하는 경우가 많지만 인간은 우리가 생각하는 것보다 훨씬 밀접하게 동물 형제들과 결속되어 있다.

모든 형태의 생명을 존중하고 서로 간의 연결 관계를 탄탄히 일구는 것은 중요하다. 우리가 언제 어느 곳에 있는지에 따라 포괄적 공동체가 결정되고 어떠한 환경에서든 나 홀로 존재하는 경우가 거의 없다는 점을 감안하면 시 별 성 공동체에 녹아지 않고 홀로 살아간다는 것은 불가능하다. 풍요롭고 균형 잡힌 정원을 가꿔나가기 위해서는 우리와 같은 공간을 공유하는 생명체를 존중하고, 아낌없는 지지를 주고받으며, 내가 아닌 모두의 성장에 보탬이 되어야 한다. 언제나 성장을 북돋우는 선택과 행동을 하고 다른 구성원도 함께 참여할 수 있도록 이끌어가려는 노력이 필요하다.

우리는 포괄적 공동체를 넘어 선택적 공동체에도 속한다. 선택적 공동체는 같은 목표와 관심사, 특징으로 결속해 연대감을 나누는 사람들의 집단이다. 내 경우에는 텍사스에 있는 가족과 친구들 또는 잠시 머물면서 공부했던 수도원처럼 내 삶을 풍요롭게 해주는 집단이 선택적 공동체다. 운동을 즐기는 내 친구는 브라질 전통 무술에 푹 빠져 트윈시티에 있는 카포에이라 공동체에서 활동하고, 음악에 열성적인 친구는 시카고에 위치한 공연 예술 커뮤니티의 일원이다. 이 친구들은 관심사에 기반을 둔 공동체 외에도 사랑하는 사람들로 이루어진 공동체에도 속하며, 각자의 환경 안에서 포괄적 공동체의 일부일 뿐 아니라 지구라는 더 큰 포괄적 공동체의 구성원이기도 하다.

내 대학 생활은 말 그대로 눈코 뜰 새 없이 바빴다. 자유 시간은 꿈도 못 꿀 사치였다. 몇 년에 걸쳐 사회적 고립감을 느끼다가 여행에서 영감을 받아 마음 맞는 친구들과 선택적 공동체를 만들어가면서 내 삶을 풍요롭게 살찌울 수 있었다. 그로 인해 인성을 함양하고 동반 성장을 이루었다는 사실은 공동체의 힘을 보여주는 증거나 다름없다.

건강한 공동체의 힘

나는 대학 학위 과정을 따라가느라 늘 정신이 없었다. 이 학교를 선택한 이유는 수준 높은 공연을 지향하는 철학이 돋보였기 때문이다. 브로드웨이나 라스베이거스에서 볼 수 있는 공연을 제외하면 우리가 만들어내는 작품은 세계 최고 수준이었다. 그만큼 제작 과정이 까다로웠고 학업을 계속 이어나가려면 매년 엄격한 평가 기준을 충족해야 했다. 그러다 보니 학사 경고를 받거나 짐을 싸서 집으로 돌아가는 학생도 있었다.

허구한 날 공연 일에 파묻혀 살다 보니 같은 학과 학생이나 동급생, 공연 제작을 함께하는 동료들 말고는 사람들과 교류할 기회가 별로 없었다. 기술자인 우리는 무용수, 가수, 배우, 연주가와 영화 전공 학생들 사이를 오가며 끊임없이 공연을 만들고 무대에 올렸다. 특히 기술자는 제작 과정을 총괄하는 역할이기 때문에 우리는 캠퍼스에서 가장 바쁜 학생이나 다름없었다.

3학년에 접어든 무렵, 학과 친구 세 명과 함께 친구의 남동생이 머무는 사교클럽 숙소를 방문하기 위해 다른 주로 여행을 떠났다. 우리 학교에는 남학생 사교클럽이 따로 없었기 때문에 이런 숙소를 방문하는 경험은 처음이었다. 남학생 열여섯 명이 동지애를 나누며 한집에 사는 모습은 그야말로 신선한 충격이었다. 입양 가정에서 자라면서 '가족'이라는 개념을 나와 함께하는 주위 사람들로 이해하며 살다 보니 이런 형제들의 모습이 행복해 보였고 진정 하나로 연결된 끈끈한 가족처럼 느껴졌다.

친구들과 함께 떠난 장거리 여행은 흥미진진한 경험이었다. 사교클럽 숙소에 다녀온 후, 우리도 비슷한 공동체를 만들면 유익한 점이 많으리라는 확신이 생겼다. 나와 인상적인 대화를 나눴던 사람들이나 우리 학과에 있는 어린 학생들은 분명 관심을 보일 거라 생각했다.

나는 사람들을 일일이 찾아가 "일하는 시간을 제외하고 따로 시간을 정해서 함께 만나면 좋을 것 같아요"라고 설득했다. "왜요?"라는 대답이 돌아왔다. 사실 뚜렷한 이유는 없었다. 하지만 모두 함께하는 시간이 공동체를 만드는 데 좋은 출발점이 될 것 같았다.

어느 날 밤 12시, 누군가의 집 거실에 열세 명이 모여 앉았다.

대부분은 무대 기술자이고 일부는 영화 전공생으로 2학년, 3학년, 4학년 학생이 섞여 있었다. 우리는 한 명씩 돌아가면서 간단한 자기소개와 학업 목표, 미래에 이루고 싶은 소망을 이야기했다. 모두 아는 사이였지만 서로를 알아가기 위해 한자리에 둘러앉아 진솔하게 대화하기는 처음이었다.

함께 시간을 보낸 지 40분 만에 모두의 얼굴에 생기가 흘러넘치고 활기가 돌았다. 창문 너머로 햇살이 쏟아져 들어올 때까지 이야기를 나눌 수도 있었지만 모두 일찍 일어나 일상으로 돌아가야 했다. 우리는 너 나 할 것 없이 다음 주 같은 시간에 만나자고 뜻을 모았다.

몇 달 동안 정기적으로 모임을 계속한 사람들은 삶의 질이 눈에 띄게 좋아졌다. 나는 예전보다 유쾌하고 한결 단단해졌다. 언제든 의지할 수 있고 힘들 때 고민도 털어놓고 성취의 기쁨을 함께 나누는 공동체가 있으니 마음에 안정감과 평온함이 찾아오면서 수년간 제대로 느끼지 못한 조화로운 기운을 마음껏 누렸다. 공동체의 다른 형제들도 똑같은 이야기를 했다.

다른 사람들도 우리 공동체가 가져온 변화를 감지했다. 공손하고 친절하며 사려 깊은 모습이 인상적이라면서 긍정적 변화가 느껴진다는 이야기를 자주 했다. 공동체의 한 명은 공동체 활동을 하면서 가족과의 갈등을 해결하고 싶다는 영감을 받았다고 했다.

"우리 아들 말로는 당신이 매주 주최하는 모임 때문에 성격이 달라졌다고 하더군요, 어떻게 이 고마운 마음을 전해야 한지 모르겠어요." 그의 어머니는 내게 전화를 걸어와 벅찬 마음을 전했다.

공동체는 우리가 행동하고 성장하는 방식에 직접 영향을 미친다. 누구나 안정감과 절제력, 회복력, 목적의식을 강화해주는 공동체를 곁에 두고 싶어한다. 감사하게도 나는 이런 공동체를 몸소 경험했고, 이후 어디를 가든 이렇게 가치 있는 공동체를 만들고 싶다는 동기를 얻었다.

함께 숨 쉴 수 없는 관계도 있다

가끔은 함께 있는 게 독이 되기도 한다. 다른 식물이 보내는 주파수가 내 잎사귀에 치명타를 입힐 때도 있고, 청설모가 게걸스레 갉아댄 잎은 회복하기 어려울 때도 있다. 이런 일이 발생하면 공동체와 구성원 모두의 안녕을 위해 변화가 필요할지도 모른다.

정원을 제대로 관리하고 세심히 관찰하려는 노력은 장기적 동반 관계의 성패를 가르는 변수가 되기도 한다. 나는 2년 동안 조화롭게 정원을 가꿔나가다가 식물 실험 하나가 문제를 일으키는 바람에 머리를 싸맨 적이 있다. 콜로카시아를 심어놓은 화단에 칸나 구근을 심어서 재배하는 실험이었다. 콜로카시아는 너비가 60센티미터, 길이가 90센티미터 남짓인 커다랗고 넓적한 잎사귀 (그래서 이 식물의 영문명도 '코끼리 귀elephant ears'다)를 자랑하며, 2미터를 훌쩍 넘는 높이까지 자라기도 한다. 칸나는 노처럼 생긴 타원형 잎사귀와 다채로운 색조를 띤 잎자루가 매력적인 식물로, 아름다운 꽃을 풍성하게 피워내며 2미터에 가깝게 자라난다. 실험을 시작할 당시 칸나는 불과 몇 센티미터에 불과했지만 콜로카시아는 1미터에 육박했다. 처음 몇 년 동안은 식물의 키가 문제가 되리라고는 생각지도 못했다.

갸름하고 동그스름한 칸나 잎이 거대한 하트 모양의 콜로카시아 잎사귀 밑에서 성장하는 모습은 생각만 해도 사랑스러웠다. 내 상상은 아름다운 모습으로 실현됐다. 하지만 2년 정도 지나자 콜로카시아의 상태가 썩 좋지 않아 보였다. 그 무렵 두 식물 모두 꽤 많이 성장했다. 콜로카시아는 2미터에 육박하게 자랐고, 어느덧 땅에 넓게 퍼진 칸나는 1미터 남짓 높이로 뻗어 있었다. 2주 동안 면밀히 관찰한 결과, 콜로카시아는 죽어가고 있었다. 지난 2년 동안 같은 자리에서 건강하게 성장했다는 걸 고려하면, 칸나의 뿌리가 콜로카시아 뿌리를 휘감아 옥죄는 바람에 이런 결과가 나온 게 분명했다. 칸나를 당장 들어내야 했다.

애를 썼지만 두 식물은 같은 장소에서 함께 숨 쉴 수 없었다.

이 경험은 공동체에서든 직장에서든 가정에서든 우리가 누군가와 짝을 이뤘을 때 상대방이 언제나 내 성장에 도움이 되진 않는다는 사실을 상기시켜주었다. 만약 그런 일이 일어난다면 조심스럽게 자신의 뿌리를 다른 곳으로 옮겨야 한다. 서로의 뿌리가 강건하게 자라도록 배려하면서 같은 공간을 공유하는 상대를 존중할 필요가 있다.

자원과 공간을 어떻게 공유하면 좋을지 신경 쓰지 않으면 우리는 언제든 칸나 같은 존재로 변모하기 쉽다. 자신의 선택이 주변 사람에게 어떤 영향을 미칠지 인식하지 못하는 행동만으로도 우리는 사랑하는 사람이나 같은 공간을 공유하는 상대의 성장을 방해할 수 있다. 공동체의 희생을 발판 삼아 개인의 성장을 이루려는 욕심은 공동체의 발전 가능성과 잠재력을 훼손한다. 나는 성장 과정에서 이런 경우를 수두룩하게 목격했다.

어린 시절 내가 속한 공동체는 차별적인 법과 정책, 세대를 이어 전이된 트라우마generational trauma, 목숨을 위협할 정도로 치명적인 자원 부족으로 이미 절름발이 상태였다. 이런 상황에서 어떤 사람은 절도와 폭력으로 부와 지위를 탈취했다. 잠깐이나마 만족감을 누렸을지 모르지만 현재는 대부분 목숨을 잃거나 감옥에서 여생을 보내고 있다. 수십 년이 흐른 지금, 공동체 안에는 일할 사람이 부족하고 노인을 부양할 자녀도 없으며 공동체의 규모 또한 현저하게 줄어들었다. 가끔은 공동체 사람들이 사리사욕을 채우려고 싸우기보다는 서로 협력하기로 마음먹었다면 어떻게 되었을지 궁금하다. 의사소통은 이런 생각을 현실로 실현해주는 훌륭한 수단이다.

기분이 태도가 되지 않는 법

나는 식물학을 정식으로 배워본 적이 없고 내가 식물 전문가라고 생각해본 적도 없다. 사람들은 내가 독학으로 공부했다고 하면 타고나길 금손이 아니냐고 묻는다. 그보다는 성장을 일구는 일이 늘 즐거웠다고 말하면 답이 되지 않을까 싶다. 내가 키우는 식물이 건강하게 자라는 이유는 크게 두 가지라고 생각한다. 식물이 원하는 환경과 공동체를 조성했고, 친절하고 끈기 있게 긍정적인 마음으로 식물을 돌보았다.

산세베리아snake plant를 옮겨 심거나 난초orchid에 물을 주거나 분재를 바라보며 이런저런 말을 붙이는 것은 식물과 소통하는 행위이며 식물은 여기에 맞게 반응한다. 정원을 관찰해보니 내가 친절한 모습으로 식물을 대하고 인내심 있게 관리하며 긍정적 시각을 견지할 때 식물이 가장 건강하게 자라났다. 그래서 나도 온화

함과 차분함을 잃지 않고 해결 중심적 태도를 유지하려고 노력하게 된다.

식물과 마찬가지로 공동체 안에서 성장을 촉진하기 위해서는 신중한 의사소통이 필요하다. 말로 하는 의사소통만을 이야기하는 것이 아니다. 우리가 마음속에 뿌린 씨앗은 공동체 안에서 행동, 몸짓, 생각으로 나타난다. 말을 하지 않아도 내가 행하는 모든 태도와 행위가 다른 사람에게 무언가를 전달하는 것이다. 나는 공동체와 상호작용할 때 긍정적 사고방식과 성장에 대한 열의를 전달하길 원한다. 그러려면 태도와 성품이 중요하다. 목소리에 친절을 더하고 어떤 상황에서도 미소를 잃지 않으면 사람들은 내가 하고 싶은 말을 훨씬 너그럽게 받아들인다. 친절하다는 의미는 수동적으로 행동한다거나 자신의 감정과 문제를 외면한다거나 망상 속에 살아간다거나 인신공격을 받아들인다는 뜻이 아니다. 친절이란 현재에 온전히 관심을 쏟으면서 자신의 행동과 태도가 상황에 어떻게 도움이 되는지 또는 방해가 되는지를 고려하는 것이다. 나는 어떤 상황에서 느낀 분노와 좌절을 다른 상황에 전이하지 않기 위해 늘 친절한 태도를 유지하려 한다.

상황을 정확히 파악하기도 전에 행동하면 문제가 더 심각해지거나 새로운 골칫거리를 떠안게 될지 모른다. 인내심은 행동하기 전에 먼저 속도를 늦추고 심사숙고하면서 상황의 복잡성을 고려하게 해준다는 면에서 생산적인 의사소통의 핵심 요소다. 문제를 해결하려면 귀중한 에너지와 자원이 필요하다. 인내심을 발휘하면 에너지와 자원 모두 현명하게 사용할 수 있다.

친절과 인내심을 유지한다는 건 결코 쉬운 일이 아니지만 둘 중 어느 하나도 포기하고 싶지 않을뿐더러 새로운 문젯거리를 만들어내고 싶지도 않다. 그래서 나는 언제나 긍정적인 마음으로 의사소통에 임하려 한다. 긍정적 사고방식은 의사소통이 나아가는 방향을 이끌어준다. 마음 안에 긍정성을 품고 어떤 교훈이든 받아들일 준비를 하는 것이다. 부정성으로 무장한 채 소통하는 자세는 상대방과의 관계를 넘어 공동체 전체를 무너뜨리는 데 일조한다.

장소를 바꾸지 말고 찾아라

지구라는 아름답고 오묘한 행성에 발을 딛고 살면서 우리에게 주어진 선물에 감사하고 그 경이로움에 감탄할 수 있다는 건 축복이 아닐 수 없다. 육지와 바다, 산봉우리와 소용돌이가 어우러져 완성된 지구는 마을 한편에 자리 잡은 우리 집보다도 더 깊숙이 나와 연결되어 있다. 지구는 인간에게 가장 중요한 환경으로서 우리는 생명이 있는 모든 존재와 이곳을 공유한다. 그렇게 지구라는 포괄적 공동체가 형성된다.

이 신비로운 환경에 펼쳐진 자그마한 지역 안에서 우리는 일상을 영위하고 시간을 보낸다. 우리가 살아가는 환경은 위치에 따라 달라진다. 자신이 어떤 환경에 속하는지 생각해보자. 지구라는 포괄적 공동체 외에도 우리에게는 가족이나 학교, 직장 등의 선택적 공동체도 있다. 우리가 '누구'와 함께 자라는지도 중요하지만 '어디'에서 성장하는지도 고려할 필요가 있다. 우리는 어떤 종류의 토양에서 자랐는가? 그늘이 되어주는 나무가 있는가? 우리는 1년 내내 꽃을 피우는가 아니면 추울 때 잠시 땅으로 물러났다가 따스한 봄기운이 부드럽게 속삭일 때까지 기다리는가? 공간과 자원을 함께 나누는 공동체와 소통하려는 자세도 중요하지만 우리가 차지하는 공간과 여기에서 나오는 자원인 환경을 파악하는 일도 그만큼 의미가 있다.

환경은 마음의 평화와 몸의 균형뿐 아니라 영혼의 조화와 삶의 질을 지켜내는 능력에도 직접적 영향을 미친다. 인간의 욕망을 채우려고 환경을 제멋대로 바꾸려 하기보다는 환경이 제공하는 자원을 소중히 여기고 존중하면서 환경 변화에 적응하는 법을 배우는 것이 우리에게 가장 유익한 길이다.

버릴 것 하나 없다

실내용 화초가 점점 늘어나면서 해야 할 일도 꽤 많아졌다. 흙 상태는 괜찮은지, 물이 과하거나 부족하진 않은지, 화초가 순

조롭게 자라고 있는지, 혹시나 시들한 건 아닌지 늘 마음을 써야
한다. 화초를 한 번 둘러보고 오면 으레 그렇듯 화분에서 구워 온
마른 잎이 한 무더기는 모인다. 흙을 비옥하게 하려고 낙엽 몇 장
을 그대로 둘 때도 있지만 보통은 야외 정원에 뿌릴 용도로 퇴비
에 섞어둔다. 식물이 건강하기만 하다면 마른 잎이 떨어져 있어도
걱정할 일은 아니다. 마른 잎은 오히려 음식 찌꺼기와 섞어 쓰면
정원 비료로 활용하기에 제격인 훌륭한 자원이다.

　영혼이 깨어 있으면 모든 순간 모든 장소에서 기회를 포착
할 수 있다. 이런 원리를 환경에도 적용한다면, 환경 안에 숨은 힘
을 극대화하면서 궁극적으로 자신의 잠재성도 최대로 이끌어내
기 위해 환경을 어떻게 활용하면 좋을지 알게 된다. 지금 사는 집
에 어떤 자원이 있는가? 우리 집은 재스민 라이스로 자주 요리하
기 때문에 커다란 자루로 한 부대씩은 늘 구비해둔다. 나는 쌀을
씻을 때 나오는 쌀뜨물을 잊지 않고 따로 챙겨둔다. 식물에 부어
주거나 머리카락을 헹굴 때 영양을 보충하기 위해서다. 이렇게 나
는 쌀이라는 자원의 일부분을 배수구에 그냥 흘려보내는 대신 그
숨은 힘을 십분 활용하고 내가 가진 잠재성을 강화하는 데 활용한
다. 건강한 머리카락, 건강한 식물, 건강한 나!

　'지금 이 자원이 나한테 왜 중요한가?'를 자문하기는 쉽다. 그
러나 자원이 한정되어 있는 현실을 고려하면, '어떻게 하면 이 자

원을 가장 잘 활용할 수 있을까?'가 더 좋은 방향으로 나아가는 질문이라고 생각한다. 자신이 원하는 시점에 모든 자원을 이용할 수 있다는 보장은 없기 때문에 지금 있는 자원을 어떻게 활용할지 모색하는 것은 환경을 존중하고 그 안에서 영혼의 조화를 이루어 나가는 최고의 방법이다. 조화로운 환경은 삶의 질과 성장의 토대가 되어 우리 안의 조화를 북돋아준다.

환경과 자신 간의 관계에서 조화를 추구하지 않는 것은 자신의 성장 잠재력을 낭비하는 짓이다. 우리가 속한 환경이나 건강의 질을 향상하는 방향으로 자원을 이용하면 개인의 성장 목표를 달성하고 환경을 탄탄히 일궈나가는 데 큰 도움이 된다. 성공이 끊임없이 이어지는 멋진 선순환이 구축되는 것이다. 나는 뜰에 퇴비를 뿌릴 때마다 이 생각을 한다.

퇴비는 정원 환경을 더 나은 방향으로 변화시켰을 뿐 아니라 내가 비료와 폐기물에 접근하는 방식을 완전히 바꾸어놓았다. 나는 직접 퇴비를 만들어 정원에 뿌렸는데, 퇴비가 식물에 미친 영향은 그야말로 충격적이었다. 마치 퇴비가 아니라 스테로이드를 준 것 같았다! 식물의 성장 속도가 폭발적으로 빨라졌고 이곳저곳에서 꽃망울이 터졌으며 모든 식물이 건강한 에너지를 뿜어냈다. 음식 찌꺼기라는 자원이 비료로 재탄생하면서 정원이 싱그럽게 살아난 것처럼 나도 생기롭게 변화한 듯한 기분을 느꼈다. 사용할 수 있는 알로에 베라가 더 많아졌고 무성한 풀밭 위를 거닐게 되었으며 성취감까지 맛보았다. 그래서 처음에는 20리터가 채 안 되는 양동이 하나에 음식물 찌꺼기를 담아 소소하게 퇴비를 만들었다면, 이제는 분해 단계에 따라 용기를 구분해야 할 정도로 퇴비의 양을 늘려서 만들고 있다.

환경 안에 존재하는 모든 자원과 모든 공동체 구성원은 서로 긴밀히 연결되어 있다. 이러한 연결 관계를 이해하고, 자원을 효과적으로 활용하며, 모든 존재가 조화롭게 살아가는 환경을 조성하라.

때로는 환경의 변화가 독이 된다

선물 받은 실내용 화초 열여섯 포기를 플로리다에서 새 집이 자리한 텍사스까지 가져왔을 때 나는 아직 배울 게 너무 많은 상태였다. 지금 그때를 되돌아보면 식물 관리가 얼마나 복잡한 일인지 까맣게 몰랐다는 게 믿기 어려울 정도지만, 이렇게 많이 발전한 모습을 보일 수 있어 한편으로는 뿌듯하기도 하다. 선물 받은 열여섯 포기 중 무려 아홉 포기를 떠나보낸 경험을 생각하면 아직도 마음 한구석이 쓰리다. 그래서 같은 실수를 또다시 반복하지 않기 위해 그 시절 내가 어떤 잘못을 했는지 파악하는 데 오랜 시간을 들였다.

수년이 흐른 지금은 환경이 얼마나 중요한지 이해한다. 플로리다 중부는 열대 기후인 반면 텍사스의 휴스턴 지역은 아열대 기후의 특징을 보인다. 그때는 낯선 환경이 요구하는 다양한 조건에 식물이 적응하도록 돌봐야 한다고 생각하지 못했고 그 방법도 몰랐다. 내게 식물을 선물해준 플로리다의 식물 집사는 유용한 조언을 많이 해주었지만 막상 나는 그 조언을 어떻게 적용해야 할지 이해조차 할 수 없었다. 감사하게도 그녀는 식물을 키우면서 궁금한 점이 있을 때마다 도움의 손길을 아끼지 않았고, 덕분에 나는 식물이 환경에 잘 적응하고 순탄히 성장할 수 있도록 해결책을 모색하는 방법을 터득할 수 있었다.

처음으로 식물을 떠나보낸 후 나는 식물의 필요에 부응하도록 집의 환경을 바꾸는 일을 그만두었다. 그 대신 각 식물의 생육 조건이 충족되는 장소를 찾아낼 때까지 연구하고 관찰하고 고민을 거듭했다. 이 과정을 통해 내가 오랫동안 주목한 어떤 현상에 확신을 갖게 되었다. 곧 성장할 수 있는 최고의 기회는 자신의 필요와 욕구에 맞게 '환경을 바꾸기'보다는 주어진 환경에 적응하면서 '환경과 어우러져' 성장할 때 조성된다는 것이다.

지금은 식물 수백 포기가 우리 집에서 행복하게 살아간다. 이렇게 한번 상상해보자. 눈부시게 아름답지만 특별한 관리가 필요한 식물 하나를 집에 데려왔다. 그런데 알고 보니 우리 집의 환경이 이 식물을 키우는 데 적합하지 않았다. 우리에게는 두 가지 선택지가 있다. 첫째, 시간이 흐르면서 식물이 점차 적응할 수 있는 장소를 찾고 식물을 돕는다. 둘째, 식물이 원하는 이상적 환경을 충족하도록 우리 집에 변화를 준다. 집안 환경을 바꾸는 선택은 새로 들인 식물이 성장하는 데 도움이 될 수는 있지만 기존 환경에 적응한 다른 식물에게는 잠재적 위협이 될 수 있다. 식물 수백 포기가 시름시름 앓거나 죽어간다니, 생각만 해도 끔찍하지 않은가! 하지만 새로 온 식물이 순탄하게 성장할 장소를 인내심 있게 찾아본다면 이미 이루어진 균형을 깨뜨리지 않고도 현재의 환경에 잘 녹아들 방법을 찾아낼 수 있다.

때로는 공동체의 성장과 환경 자체의 개선을 위해 환경을 바꿔야 할 때가 있다. 그럴 때 우리는 환경의 지속가능성을 존중하고 같은 환경을 공유하는 공동체를 고려해야 한다. 특히 평소에 내가 잘 의식하지 않는 포괄적 공동체와 지구라는 더 큰 포괄적 공동체를 잊지 말아야 한다. 나무를 베어내는 일부터 새로운 건물을 짓는 일까지 우리가 시도하는 모든 변화는 공동체의 구성원 전부에게 영향을 미치기 때문에 어떤 변화를 실행하기 전에는 포괄적 공동체의 상태를 세심하게 살펴야 한다. 만약 우리가 어떤 환경에 가서 번성하게 되었다면 혹시 그곳의 공동체나 환경을 희생하면서 얻은 대가는 아닌지 돌아볼 필요가 있다.

예전에 수도원에서 잠시 생활하면서 몸과 마음의 속도를 늦추고 새로운 방식으로 성장할 기회를 누린 적이 있다. 그곳은 사랑스러운 정원과 싱그러운 숲이 딸린 아름다운 곳이었다. 당시 나는 공간이 주는 경이로움을 만끽할 만한 장소를 찾아다니며 글을 쓰곤 했다. 어느 날 수도사 한 명이 아끼는 장미 덤불이 망가졌다며 안타까운 마음을 토로했을 때, 나의 개인적 기쁨이 예상치 못한 방식으로 환경에 영향을 미쳤다는 사실을 깨달았다.

나의 선의가 선순환을 일으키려면

새벽 2시가 되면 하늘 저편에서 달빛이 은은히 쏟아져 내렸다. 나는 참나무oak tree 밑동에서 뻗어 나온 거대한 뿌리 사이에 걸터앉길 좋아했다. 마치 나를 위해 특별히 마련된 대지의 공간 같았다. 이곳에서 책을 읽거나 글을 쓰기도 하고 그림도 그렸다. 벗으로 삼은 달빛이 틈틈이 어둠을 밝혀주었기 때문에 등불을 깜빡하더라도 걱정하지 않았다. 등불이 희미하거나 구름이 달빛을 가린 날에는 칠흑 같은 어둠 속에 고요히 앉아 사색에 잠기곤 했다.

이른 새벽, 사슴이 사뿐사뿐 걸어 다니는 발소리를 듣고 먼발치에서 바라본 적이 몇 번 있었다. 시간이 흐르면서 사슴 떼가 점점 내 쪽으로 다가오는 낌새를 눈치챘고, 혹시 내게서 풍기는 체취에 익숙해진 건 아닐까 싶었다. 그러던 어느 날, 새벽녘에 사슴 한 마리와 눈이 마주쳤다. 사슴을 놀라게 하고 싶지 않아서 두근대는 심장을 진정시키고 마음을 차분히 가라앉히려 애썼다.

사슴은 대담하게 나를 향해 다가왔다. 나는 사슴을 향해 손을 뻗거나 쓰다듬지 않았다. 우리는 서로의 존재를 의식하며 한동안 그 자리에 앉아 있었다. 마침 음식이 조금 있어서 땅에 떨어뜨려 주었다. 사슴은 간식을 맛있게 먹는 듯 보였고, 이내 자리에서 일어나 숲속으로 사라졌다.

그 후로 정원을 향할 때마다 사슴에게 줄 먹을거리를 챙겨가기 시작했다. 그렇게 나는 사슴과 친밀한 우정을 쌓아나갔다. 사슴은 날이 갈수록 내 존재를 편안하게 받아들였고, 내가 가만히 어루만질 수 있을 만큼 가까이 다가왔다. 그 느낌이 얼마나 보드라웠는지 손끝에 남은 감촉이 아직도 생생하다. 어느 날 밤, 사슴 한 마리가 한눈에 봐도 어려 보이는 다른 사슴을 내 쪽으로 슬쩍 미는 모습을 보고 깜짝 놀랄 수밖에 없었다. 어미가 새끼 사슴을 나한테 보여주려는 거구나! 나는 감동에 휩싸여 새로운 친구들을 계속해서 맞이했지만, 머지않아 이 공동체가 우리의 환경에 몇 가지 문제를 초래했다는 사실을 발견하고 말았다.

"사슴이 정원에 있는 장미를 또 먹어치웠군요! 예전에 이런 상황을 막아보려고 조치도 해두었는데 아무래도 사슴이 다시 돌아온 이유가 있는 것 같습니다."

내가 한밤중에 가져오는 간식이 사슴한테 충분하지 않았던 게 분명했고, 아무래도 내 체취를 따라 숲에서 정원으로 넘어왔으리라는 생각이 들었다. 수도사들에게 사슴이 골칫거리여서 정원에 접근하지 못하도록 갖은 애를 썼다는 사실은 전혀 알지 못했다. 나는 수도원에 잠시 머무는 손님일 뿐 공간을 마음대로 바꿀 권리가 없었다.

수도원의 정원이라는 포괄적 공동체와 나는 서로 긴밀하게 연결되어 있었지만, 의식하지 못한 사이에 나는 수도사의 활동과 그들이 생활하는 환경을 혼란에 빠뜨렸다. 수도원의 정원은 단순히 아름다움을 감상하는 공간이 아니라 수도사의 건강한 삶과 전통을 지켜나가는 데 필요한 귀중한 약초를 길러내는 터전이었다. 사슴은 밤마다 이루어지는 우리의 만남이 내 체취를 따라 정원 이곳저곳을 방문하라는 초대로 받아들인 모양이었다. 내 체취가 이토록 구석구석에 퍼져 있었다니!

사슴을 탓하고 싶지는 않았다. 만일 사슴을 정원에 들이면 안된다는 사실을 알았더라면 다른 방법으로 사슴과 교감했을 것이다. 나의 기쁨은 수도원에서 공들인 시간과 정원 식물의 일부를 희생시켜서 얻은 대가였다. 지금은 내가 맺은 관계의 영향을 긴지하게 고민하고, 환경에 영향을 미칠 만한 일을 하기 전에는 반드시 내가 속한 공동체를 고려한다.

뜻밖의
공생하는 기쁨

수년에 걸쳐 배움을 얻고 실험도 하고 연습을 반복하고 관찰하면서 수백 가지 다양한 식물이 어우러져 성장하는 싱그러운 정원을 일궜다. 우리 집 뒤뜰에 자리한 정원은 마치 동네 오아시스 같아서 다양한 동물과 곤충이 먹이를 구하거나 안식처를 찾거나 공동체를 이루려고 모여든다. 아놀도마뱀이 파인애플 위로 낑낑 올라가거나, 폭풍우가 지나간 자리에서 새들이 웅덩이 목욕을 즐기거나, 잠자리가 격자 울타리 위에 사뿐히 내려앉거나, 나비가 마리골드marigold에서 꿀을 빠는 모습을 감상할 때면 마음이 그렇게 뿌듯할 수가 없다.

모든 생명체는 공동체와 정원 환경에서 나름의 역할이 있다.

우리도 마찬가지다. 자신이 사용하는 공간과 그곳을 공유하는 존재가 함께 성장하려면 우리가 미치는 영향을 고려하고 다른 구성원의 공로를 존중해야 한다. 이렇게 하면 모든 생명체가 공동체와 환경의 지속적 성장에 기여하는 균형 있는 공동체를 달성할 수 있을 것이다.

장기적 관점이 필요한 이유

나는 두 종류의 퇴비를 만들어 쓴다. 채소와 과일, 식물에서 잘라낸 가지 등의 유기물을 사용한 퇴비도 있고, 오직 감귤류만 넣어 만든 퇴비도 있다. 언젠가 오렌지 껍질을 화단에 늘어놓아 경계선을 만들면 특정 곤충의 침입을 막고 다른 곤충은 화단 안에 머무르도록 유도할 수 있다는 이야기를 들은 적이 있다. 그때 이런 생각이 머릿속을 스쳤다. '퇴비를 만들 때 적용해보면 괜찮겠는데?' 이런 발상에서 시작해 감귤류를 사용한 퇴비를 구상하고 완성하기까지 1년이라는 시간이 걸렸다. 하지만 당시에는 이런 아이디어가 정원 환경과 공동체를 파멸로 내몰 줄은 꿈에도 생각하지 못했다.

감귤 퇴비를 처음 개시하던 날, 퇴비를 조금 꺼내 뜰 주변에

흩뿌리고 나머지는 바닥에 놓인 퇴비 통에 그대로 두었다. 잠시 후 통 안에 있는 내용물을 휘젓다가 괴상한 게 눈에 띄었다. 무언가 꿈틀꿈틀했다. 가까이 들여다보니 굼벵이와 딱정벌레 유충이 우글대고 있는 게 아닌가! 퇴비를 뿌려놓은 틀을 살펴보니 유충이 침입해 땅속으로 파고들면서 잔디와 화초, 나무의 일부분을 갉아 먹고 있었다.

우리는 공동체에서 저마다 맡은 역할이 있으며 공동체에 기여할 방법을 스스로 선택한다. 딱정벌레는 다른 생물이 기피하는 물질을 분해하는 데 탁월하기 때문에 퇴비를 만드는 과정에서는 칭찬받을 만하다. 하지만 딱정벌레 유충이 비료 통을 빠져나와 정원 식물을 갉아대기 시작하면서 역할이 변질되어버렸다. 여기에서 교훈 하나를 얻을 수 있다. 우리가 공동체와 환경에 긍정적인 방향으로 기여했더라도 자신의 역할을 장기적 관점에서 바라보지 못한다면 우리의 공헌이 오히려 해를 끼칠 수 있다는 것이다.

공동체와 환경이 제대로 기능하려면 다양한 역할이 요구되며 무엇이 필요한지에 따라 역할의 특성도 달라진다. 시간이 흐름에 따라 역할도 진화하면서 변화의 과정을 겪는다. 균형 있는 공동체를 달성하기 위해서는 우리가 주는 영향을 의식하고 필요한 역할을 수행하며 시간의 흐름에 맞게 역할을 조정할 준비를 해야 한다. 더불어 성장하려면 공동의 노력이 필요한 법이다. 따라서 다른 구성원과 늘 소통하고 공동체에 무엇이 필요한지 확인해 현재의 역할을 유지하거나 조정하는 방안을 모색해야 한다.

얼핏 보면 사람들은 식물보다 훨씬 더 고군분투하는 것처럼 보인다. 그런데도 자신이 속한 공동체와 환경 안에서 누군가와 더불어 살아간다는 게 언제나 만만치 않은 이유는 무엇일까? 나는 사람들이 평정심을 잃고 주변을 돌아보지 않으며 자기 보존을 위한다는 명분으로 공동체나 환경을 저버리기 때문이라고 생각한다. 영혼을 함양하고 우리 자신을 넘어 조화를 우선시하는 마음을 가진다면 문제의 실마리를 풀어나갈 수 있다.

가지를 내어주고 얻은 것

다른 사람이 기여하고 이뤄낸 성과에 감사하며 감탄하는 존중의 마음이 없다면 균형 있는 공동체를 꿈꾸기 어렵다. 우리 주위에서 무엇을 자라게 할지, 그 존재가 정원 공동체에 어떤 영향을 미칠지, 환경을 어떻게 변화시킬지는 우리의 의지로 정하는 문제가 아니다. 우리가 행복하게 자라고 있는 영역 안으로 다른 식물이 뿌리를 뻗는다는 게 썩 내키지 않을 수도 있지만 공동체라는 존재는 우리에게 기회나 다름없다. 다른 꽃에서 풍기는 냄새나 그 열매에 달라붙은 진드기가 마음에 들지 않더라도, 섣불리 판단하려는 마음은 접어두고 이 꽃 한 송이가 우리의 환경에서 수행하는 역할을 존중해야 한다.

어느 해 가을, 도저히 믿기 힘든 우연한 공생에 감탄한 적이 있다. 석류나무가 오이 덩굴을 지탱하는 완벽한 격자 울타리가 되어준 것이다. 마침 오이는 빠른 속도로 자라면서 덩굴이 타고 올라갈 성장 지지대가 필요한 터였다. 오이가 땅에 박힌 뿌리에서 시작해 3미터에 육박하는 나무 꼭대기까지 성장하는 동안 석류나무는 가지로 덩굴을 떠받쳤다. 이렇게 나무에 의지해 성장한 채소는 듣도 보도 못한 거대한 오이를 생산해냈다! 몇 년 전처럼 가지치기를 따로 해줄 필요도 없었다. 덩굴에 달린 오이의 무게 때문에 석류나무의 잔가지가 뜯어지면서 새로운 가지가 땅 위로 자라났기 때문이다. 정원 한구석에 오이를 심을 때만 해도 이런 결과를 예상하지 못했다. 석류나무와 오이는 모두 건강한 생장기를 보냈고, 나는 두 식물의 조화로운 모습을 지켜보며 마음이 흡족했다.

우리가 누구와 어디에서 공동체를 이룰 수 있는지 생각해보면 새삼 놀라울 수도 있다. 자신이 다른 이에게 어떤 자원이 되어줄지, 반대로 다른 이가 자신의 성장에 어떻게 보탬이 될지 체감하기 어려울 수도 있다. 하지만 우리도 타인과의 관계에서 석류나무와 오이가 되어 함께 성장할 잠재력이 있다. 공간을 공유하는 구성원과 협력하기보다 한정된 자원을 놓고 전쟁을 벌인다면 모두에게 해로운 결과만 있을 뿐이다. 전투에서 입은 손실을 복구하기 위해 자원을 소모해야 하고, 불필요한 회복기를 거치며 시간을 낭비하는 동안 성장을 멈출 가능성이 높기 때문이다.

존중은 노력해서 얻어야 한다. 우리가 공동체와 함께 자원을 공유하고 기꺼이 합심하겠다는 존중을 보여주기 전에는 결코 공동체가 우리에게 똑같이 해주리라 기대할 수 없다. 만약 낯선 환경에 들어가거나 새로운 공동체를 결성한다면 자신의 욕망이나 목표가 다른 사람에게 피해를 주거나 성장을 방해하지 않도록 주의를 기울이고, 만약 타인의 목표나 욕구가 자신에게 영향을 미친다면 상대방과 소통하여 의사를 전달하라.

석류나무처럼 우리의 가지를 내어주자. 이 가지가 진정 우리 자신과 덩굴의 성장에 필요한 버팀목이 될지도 모른다. 예전에 청설모와 전쟁을 치르는 동안 한 친구의 도움을 받으면서 인생이 예상치 못한 방향으로 흘러가게 된 사건에서 이런 깨달음을 얻었다.

공생은 삶의 기술

어느 날 아침, 나는 정원을 거닐면서 그동안 키워온 딸기가 열매를 맺어 먹기 좋게 익은 모습을 감상했다. 그러고는 정원에서 직접 기른 과일을 맛볼 기대에 부풀어 일터로 향했다. 보통은 해가 저문 후에 일이 끝나지만 이날은 집에 돌아오니 아직 낮이었다.

정원 문을 열고 모퉁이를 돌아서자 갈색빛을 띤 무언가가 언뜻 눈에 들어왔다. 딸기를 심어놓은 화단 안에 웬 청설모 한 마리가 웅크리고 있었다. 녀석은 딸기 줄기를 사정없이 넘어뜨리면서 화단 밖으로 펄쩍 뛰어나오더니 애리조나물푸레나무로 올라갔다. 높은 곳에 올라선 청설모는 나와 눈을 마주쳤다. 도둑의 조그마한 손에 내가 하루 종일 고대하던 딸기가 들려 있었다. 녀석은 딸기를 입 안에 넣고 오물거리면서 나를 뚫어지게 쳐다보다니 이내 아무렇지 않다는 듯 남은 줄기를 땅에 내던져버렸다.

이 털북숭이 도둑은 수개월 간 내 화단을 파헤치고 정원을 헤집어놓았다. 방금 말한 저 행태는 전쟁의 서막을 알리는 신호나 마찬가지였다. 나는 곧바로 전투에 돌입할 준비를 했다. 청설모 녀석이 내 식물 주변에 얼씬거리지 못하도록 연구하고 실험하면서 갖가지 방책을 시도했다. 그러나 침입자는 계속 진군하며 이것저것 닥치는 대로 먹어치웠다.

최후의 수단으로 청설모가 싫어하는 질감의 그물형 매트를 생각해냈다. 나는 땅에 식물을 심고 흙을 덮은 다음 매트를 한 겹 깔아준 뒤 흙과 뿌리덮개를 살살 뿌려놓았다. 청설모가 뿌리덮개를 파헤치다가 그물형 매트에 막히면 결국 땅파기를 단념할 거라는 게 내 생각이었다.

모의실험을 해보니 효과가 있었다! 앞으로 벌어질 전투에서 모조리 승리할 수 있다고 생각하니 온몸에 전율이 일었다. 유일한 문제는 매트 설치에 소요되는 시간이었다. 새로 만난 친구에게 청설모와 벌일 전쟁에 관해 이야기하자, 그녀는 정원에 와서 매트 설치를 도와주겠다고 했다. 우리는 정원에서 가장 커다란 구역을 작업 대상으로 삼았다. 칼라디움과 자주색달개비가 애리조나물푸레나무 주위를 둥그렇게 에워싼 화단이었다.

작업을 진행하는 동안 그녀와 의미 있는 대화를 나누면서 여러모로 도움을 얻었다. 특히 그녀가 나에게 가볍게 던진 질문의 파장은 컸다. "그런데 딸기며, 오이며, 석류며 이 많은 열매는 누가 다 먹나요?" 그렇다. 나는 수백 포기의 식물에 1,000여 개의 열매가 맺히는 걸 보면서 기뻐했지만 막상 그 열매들을 처치할 때는 곤란해했다. 나와 가족, 가까운 친구들에게 나눠주고도 항상 많은 양이 남았기 때문이다. 그에 비하면 청설모가 먹는 것은 매우 적은 양이었다. 그리고 청설모가 등장할 때마다 나는 상한 식물이 없는지 정원을 한 번 더 세심하게 살폈다. 그 과정에서 청설모가 파헤쳐 상한 식물뿐 아니라 내가 놓치고 있었던 상처 입은 식물, 병든 식물을 발견했다. 과장으로 들리겠지만 청설모 덕분에 정원을 더 건강하게 관리했다.

친구와 함께한 시간도 나와 영감의 관계를 되살리는 불씨가 되었다. 나는 먼지가 켜켜이 쌓인 노트를 수년 만에 꺼내들었다. 오래전에 쓴 노트를 읽다 보니 다시금 마음이 평온해지고 머리가 맑아지면서 영감이 떠올랐다. 친구가 오기 전까지는 내가 양질의 공동체와 단절된 채 일에만 파묻혀 하루하루를 흘려보내고 있다는 사실을 깨닫지 못했다. 머릿속에 떠오른 생각을 적어두거나 성장에 관해 대화를 나눌 시간도 내지 않았다. 노트를 한 장씩 넘길 때마다 에너지가 차올랐다.

친구 역시 우리의 우정을 계기로 인생에 긍정적 변화가 찾아왔다고 말해주었다. 자신의 영감을 새롭게 바라보고 삶의 질이 좋아졌을 뿐 아니라 이제껏 경험해보지 못한 평온함을 느꼈다는 것이다. 노트 내용을 들은 친구는 내가 성찰하고 관찰한 기록을 많은 사람과 공유할 생각이 있는지 물었다. 몇 년이 흐른 지금, 그녀는 내가 운영하는 회사의 공동 창립자이자 크리에이티브 파트너로서 함께하고 있다. 결과적으로 청설모와의 전투는 공생의 기쁨뿐 아니라 공동체 구성원이 내 인생에 미칠 잠재적 영향력을 존중하는 계기가 되었다.

현대를 살아가면서 우리는 건강한 영혼의 중요성을 인식하지 못하고 마음건강과 신체건강을 챙기는 일에만 치중할 때가 많다. 그러나 영혼의 조화가 뒷받침되지 않으면 빛인건히 싱대를 빛이 날 수 없다.

우리의 영혼은 외부에 존재하는 모든 생명체와 연결된다. 이러한 관계를 소중히 여겨야 한다. 일주일에 적어도 두 번 이상은 마음이 편안해지는 공간을 조성하고 모든 스마트 기기를 한구석에 밀어둔 채 내면에 흠뻑 몰입할 시간을 마련하라. 이런 일과가 나의 인생에 끼치는 변화를 맛본다면 어느새 즐겁게 느껴질지 모른다.

영혼의 조화를 위해 평정심을 유지하고 잠잠히 주의를 기울이면서 생명과 관계 맺는 법을 실천하라. 누구와 어디에 있는지가 우리에게 영향을 주듯이 우리가 매 순간 내리는 결정은 공동체와 환경에 영향을 미친다. 정원을 가꾸면서도 그 안에 존재하는 다양한 관계망을 살펴야 한다는 생각은 하지 못하는 경우가 많다. 자신이 공동체와 환경을 가꾸는 정원사라고 상상하면서 싱그럽고 풍성하게 정원을 일궈나가자.

평화로운 마음, 균형 잡힌 몸, 조화로운 영혼은 성장을 지속하고 회복력을 높이는 데 핵심 요소다. 균형 있는 공동체를 유지하려면 공동체의 모든 일원이 환경을 소중히 여기면서 각자 노력해 힘을 보태야 한다. 이런 조화는 충분히 달성 가능하지만 무엇보다 자기 발전에 헌신하려는 의지로 가득 찬 사람들이 필요하다. 우리는 공동체의 한 구성원으로서 생명을 연주하는 교향곡에 자연스럽게 녹아드는 일원이 되도록 우리 안의 조화를 가꿔나갈 책임이 있다.

결코 쉬운 일은 아니지만 한 걸음씩 나아가면 도달할 수 있다. 스스로에게 집중하면서 자신이 어떤 진동과 주파수를 발산하는지에 초점을 맞추는 일부터 시작하자. 조화를 이룰 자신감이 생겼다면 다양한 공동체와 교감하면서 화합의 관계를 일궈나가자. 우리는 함께 어우러져 성장할 수 있지만, 그러기 위해서는 조화롭게 성장하겠다는 결심이 필요하다.

잉여 자원을 활용한
파인애플 번식법

이번에는 먹다 남은 음식물을 식물로 변화시키는 방법을 배워보자. 이 활동을 통해 우리가 가진 자원이 생각보다 더 많다는 사실을 체감할 수 있다.

❶ 싱싱한 파인애플과 주방용 칼, 도마를 준비한 후 250밀리리터 정도 용량의 유리병에 물을 채워둔다.

❷ 파인애플 꼭지를 칼로 잘라낸다. 손으로 비틀어 떼어내는 사람도 있지만 나는 칼로 자르는 방법을 선호한다.

❸ 파인애플 몸통은 나중에 먹을 수 있게 잘 챙겨둔다.

❹ 잘라낸 꼭지의 밑바닥부터 시작해 약 5~7센티미터 올라온 지점까지 잎을 뜯어낸다. 떼어낸 잎은 퇴비에 넣어준다(버려도 괜찮다).

❺ 파인애플 꼭지를 물이 담긴 유리병에 넣는다. 잎을 뜯어낸 부분만 물에 잠기게 하고 꼭지 위에 남아 있는 잎은 유리병 위로 올라오도록 한다.

❻ 뿌리가 자라는 모습을 몇 주 동안 지켜보자. 뿌리가 자라고 있다면 꼭지 색깔이 갈색으로 변한다고 해서 걱정할 필요 없다. 파인애플이 잘 자라고 있다는 뜻이다.

❼ 뿌리가 5~7센티미터 정도 자랐다면 이제 흙에 심을 준비가 된 것이다. 땅에 직접 심을 계획이 아니라면 지름이 약 15센티미터인 화분에 흙을 채운 후, 잎이 없는 아래 부분과 뿌리를 흙 속에 조심스럽게 심는다. 꼭지에서 잎이 난 부분은 흙 위로 나와 있어야 한다.

❽ 여기까지 잘 따라왔다면 성공이다. 퇴비가 되거나 쓰레기통으로 직행했을지도 모를 잉여 자원이 이제는 사랑스러운 식물이 되었다. 파인애플 모종은 보살핌을 통해 지속적으로 성장해 언젠가 달콤한 열매를 맺을 것이다. 우리가 가진 자원을 창조적 시각에서 바라보자. 생각보다 용도가 무궁무진할 것이다.

💗 덧붙이는 말 💗

파인애플, 상추, 양파, 당근, 감자 등의 음식물을 활용한 번식은 적은 돈으로 나만의 식량을 재배하고 음식물 쓰레기를 최소화하면서 보유한 식물의 종류를 늘리는 멋진 방법이다. 요즘 나는 파인애플 모종 일곱 포기를 뜰에서 키우고 있다. 하나라도 열매 맺는 모습을 보려면 몇 년을 기다려야 할 것이다. 하지만 뾰족한 잎 모양을 바라보는 것만으로도 마음이 즐겁고, 내가 파인애플 꼭지 하나를 완전히 새로운 식물로 변화시켰다는 사실에 뿌듯함을 느낀다.

나를 성장시키는
환경이란

처음 집을 장만한 지 6년 만에 정원의 규모가 커지고 보유한 식물의 종류도 다양해졌다. 실내용 외래식물 몇 포기로 시작했지만 이제는 사방이 녹음으로 가득한 공간이 조성되었다. 뒤뜰의 경계를 짓는 울타리에는 자주하트달개비, 고구마 덩굴, 백합, 양치식물, 바나나나무, 콜로카시아, 야자수, 칸나, 히비스커스 꽃을 한가득 담은 화단 여러 개가 나란히 늘어서 있다. 울타리와 나무, 집에도 화초가 군데군데 걸려 있고, 집 뒤편 현관은 각양각색의 화분으로 발 디딜 틈이 없을 정도다. 장식장, 탁자, 창턱, 선반 할 것 없이 집안이 온통 푸른빛으로 넘실대는 데다 이제는 천장과 벽, 커튼 봉에도 식물을 걸기 시작했다.

몇 안 되는 실내용 화초와 배움을 향한 결의만으로 시작한 여정이었다. 선물받은 식물 아홉 포기가 죽었을 때나 열다섯 번째 실험이 엉망진창으로 끝났을 때 포기할 수도 있었지만, 그렇게 하면 지금의 정원사로서 발전할 수 없었을 것이다. 내가 지금의 정원사가 될 수 있었던 것은 삶 속에서 역경에 굴하지 않고 맞서게 해준 동력 덕분이다. 성장을 도우려는 열정은 운 좋게 타고났을지 모르지만 내가 얻은 지식과 이해는 수년간의 끊임없는 연습과 배움을 향한 의지를 통해 얻어낸 것이다.

경험을 통해 얻은 깨달음과 그동안 고안해온 다양한 도구들은 인생을 살면서 크고 작은 역경을 견뎌내고 어둠 속에서 빛을 발견하며 예상치 못한 곳에서 공동체를 일궈내는 데 큰 힘이 되었다. 지금도 나는 훗날을 위해 도구를 갈고 닦으며, 필요할 때마다 목적에 맞게 꺼내 쓰고, 목표를 향해 가는 데 도움이 될 만한 새로운 도구를 물색하는 일을 게을리하지 않는다. 내 인생의 다음 장은 어떤 모습일지 무척 기대된다. 여러분도 나와 같은 마음이기를 바란다.

지금까지 마음, 몸, 영혼을 일궈나가는 방법을 살펴보았다. 이제 우리는 한층 지혜롭고 단단하게 경험을 마주할 준비가 되었다. 마음, 몸, 영혼을 결합하면 숨겨진 잠재력을 발휘할 뿐 아니라 마음의 평화와 몸의 균형을 달성하고 영혼의 조화를 유지하기가 수월해진다. 이제 마지막으로 나를 포함한 여러 사람이 성장을 향할 때 직면하는 주요한 걸림돌에 대해서 알아보고 이런 장애물을 극복하는 방법도 함께 살펴보려고 한다.

외적 가치보다는 내적 가치를 중시해라

만약 꽃을 보겠다는 일념 하나로 아직 꽃망울이 맺히지 않은 난초를 새로 들인다면 성장을 북돋고 싶은 마음이 앞서 물을 너무 많이 주기 쉽다. 반대로 결실을 맺는 데 필요한 과정에 무관심해 물을 너무 적게 주는 경우도 있다. 어느 쪽이든 난초는 시들어버리거나 죽고 말 것이다. 나는 온라인이나 잡지에 있는 사진처럼 식물을 가꾸기보다는 오로지 식물의 성장을 북돋우면서 배움을 얻는 데 목표를 둔다. 이렇게 했을 때 나도 중압감을 느끼지 않고 식물에게도 부담을 주지 않아 최상의 결과를 얻을 수 있었다.

마음, 몸, 영혼보다는 일과 돈에 치중하는 사람들을 주변에서 흔히 볼 수 있다. 이런 사람들은 삶의 속도를 늦추고 스스로를 돌아보거나 다른 사람과의 관계를 존중하지 않기 때문에 한 세대에 한 번 보기도 힘든 귀한 재능과 예술성을 낭비한다. '외적 가치'와 '내적 가치'를 혼동하는 덫에 걸려든 것이다. 외적 가치는 '한 사람이 가진 돈이나 소유물, 자산의 양'을 의미하는 반면 내적 가치는 '마음건강' '신체건강' '영혼의 조화(또는 삶의 질)'를 뜻한다. 내적 가치가 결여된 인생은 혼돈의 소용돌이에 휘말리기 쉽기 때문에 외적 가치보다 내적 가치에 우선순위를 두어야 한다.

자기 나름의 동기 부여를 통해 외적 가치와 내적 가치를 일구며 균형을 유지하던 때도 있었겠지만 삶의 어떤 지점에서 우리는 동기 부여를 '보상'으로 대체해버렸다. 우리에게 주어진 시간은 한정되어 있으며 삶의 질보다 돈이나 소유를 중시하는 세상에서 살아남으려면 외적 가치가 필요한 것은 맞다. 외적 가치를 추구하는 사람은 눈에 보이는 결과물인 소득의 대가로 과업과 책무를 완수하는 경우가 많다. 그런데 보상을 바라며 일하는 상황에 익숙해지면 동기 부여를 통해 목표를 성취하기가 더욱 어려워진다. 단기간에 눈에 띄는 성과가 보이지 않는다면 일에서 의미를 찾기가 버거울지도 모른다. 건강한 삶의 질처럼 장기적인 노력이 필요한 목표는 노력할 가치조차 없는 무익한 허상처럼 보일 수도 있다. 동기가 있어야 외적 가치만 좇지 않으면서 삶의 질을 높이고 자신과 다른 사람의 성장에도 도움이 된다.

성장을 원한다면 삶의 질을 보살펴야 하듯이 난초가 꽃피우는 모습을 보려면 생장의 모든 과정을 세심하게 돌보아야 한다. 풍족한 삶의 질을 얻기 위해서는 해야 할 일이 무궁무진하다. 하루하루를 살아가면서 부단히 자신을 가꾸고 돌볼 때 건강하고 행복한 삶이 결과물로 따라오다 특별한 능력과 예술적 계능을 낭비하는 사람들 중에는 내가 알고 지내던 좋은 친구들도 있었다. 외적 가치에 몰두하는 그들의 사고방식은 내적 가치에 헌신하던 나를 뒤흔들었다. 결국 나는 스스로를 위해 친구들을 떠날 수밖에 없었다. 친구들의 선택이 마음, 몸, 영혼을 지탱해 나갈 능력에 영향을 미치기 시작했을 때 이제는 떠날 때가 되었다는 결심이 섰다. 만약 내가 목적의식을 잃었더라면 친구들이 가던 길을 계속 따라갔을지 모를 일이다.

목적의식을 지켜내라

성장을 지향하고 내적 가치를 우선하며 삶의 동력을 잃지 않기 위해서는 목적의식이 필요하다. 마음이 어지러워 목적의식이 흐릿해지면 진지하게 자신을 돌아보지 않고 성급하게 판단해버릴 가능성이 높다. 성장 과정에서 마주치는 역경과 자신이 세운 목표를 진단하되 성급하게 판단하려는 실수를 범하지 말라. 내가 느끼는 영감과 필요가 무엇인지 또는 취미, 습관, 일과를 어떻게 이해하고 있는지 평가할 때 지나치게 근시안적이거나 섣부르게 접근해서는 안 된다.

고구마 덩굴은 여름에 무성하게 자라고 겨울이 되면 흙 속에서 휴면에 들어간다. 나는 따뜻한 계절에 성장을 북돋우기 위해 며칠에 한 번씩 잊지 않고 물을 준다. 하지만 공기가 차가워지면 서서히 땅속으로 몸을 숨기기 시작하는 고구마에 관해 판단이 아니라 진단을 하고 필요에 따라 관리 방법에 변화를 준다. 기온이 떨어질수록 수분이 덜 필요하기 때문에 물을 주는 주기를 매주 그리고 점차 격주로 늘린다. 항상 똑같은 양의 물을 주어야 한다고 판단하면 고구마 덩굴은 살아남기 어려웠을 것이다. 우리에게도 이런 접근이 필요하다. 우리는 공동체와 환경에 따라 끊임없이 변화하기 때문에 취미, 습관, 일과를 완벽하게 조합하더라도 진척 상황을 진단하면서 자신의 선택에 지속적으로 의문을 제기하는 일을 멈춰서는 안 된다.

건강하고 수준 높은 삶의 질을 향한 목적의식을 지켜내기 위해 활용할 만한 도구는 또 있다. 바로 공동체다. 공동체의 힘은 강력하다. 우리는 주위 사람들을 통해 더 명료하고 객관적인 관점에서 스스로를 평가할 수 있다. 미처 알아채지 못했던 자신의 모습이 신뢰할 만한 친구나 멘토, 사랑하는 사람의 눈에는 보일 수 있기에 주변 사람들의 통찰력은 나를 성공으로 이끌어주는 귀중한 자산이 된다. 내가 가르친 학생들은 당시 내가 건넨 명료한 조언이 큰 힘이 되었다고 여전히 고마운 마음을 전한다. 학생들이 도움을 원했던 순간에 함께할 수 있었던 건 내게도 큰 행운이었다. 내가 그들에게 보탬이 되었다는 점에서 보람을 느꼈기도 하지만 이제는 그들이 내게 힘이 되어주기 때문이다.

삶의 기준을 기대와 혼동하지 말라

삶의 질을 유지하고 성장을 북돋우기 위해서는 자신이 정해놓은 기준을 충족하기 위해 헌신하려는 노력이 필요하다. '기준'이란 질적 수준을 의미하며, 자신의 잠재력을 극대화하려면 높은 기준을 설정해 지켜나가야 한다. 나는 개인적 행동 방식뿐 아니라 직장, 업무, 여가 등에도 모두 기준을 세워둔다. 내가 통제할 수 있는 모든 일에 특정한 기준을 설정해두는 것이다. 하지만 기준을 '기대'와 혼동해서는 안 된다. 기준은 제쳐두고 기대만 하면서 지금이든 나중이든 반드시 소망은 이루어진다고 맹신하면 성장의 길은 요원해진다.

그러니 높은 기준에 따라 인생을 살아가되 기대하는 마음은 접어두라. 아무도 미래를 예단할 수 없기 때문에 이미 모든 일을 약속받은 듯이 행동하는 것은 자신에게 어떤 도움도 되지 않는다.

게다가 기대를 현실로 실현하기에는 자신이 통제할 수 없는 요소가 너무도 많다. 기준과 기대의 차이를 깨닫기 전에는 내가 원하던 대로 상황이 흘러가지 않으면 실망하는 경우가 많았다. 나는 인생에 불쑥 찾아오는 예기치 못한 우연에 이리저리 휘둘리는 대신 기준에 따라 살아가기로 선택했다.

기대는 희망적인 생각만 품으면 가능하지만, 기준을 충족하려면 단련이 요구된다. 몸과 마음, 영혼의 건강을 성취하려면 노력이 필요한데, 땀 흘리지 않고 수준 높은 삶의 질만 기대하면 실망감에 빠지기 쉽고 발전을 이루기도 어렵다. 재산이나 배경, 외모에 상관없이 누구든 자신의 삶에 설정해둔 기준을 통해 유익을 얻을 수 있다. 자신만의 기준을 갖는다는 것은 가용 자원을 최대한 활용하면서 노력을 통해 배움을 얻겠다는 마음으로 열의를 다하며 결과보다는 과정에 집중한다는 뜻이다.

단 나의 기준을 다른 사람에게 강요하지 마라. 자신의 기준을 따르도록 누군가에게 요구하는 순간 우리는 상대방에게 기대라는 굴레를 씌우고 만다. 우리가 통제할 수 있는 건 우리 자신의 행동일 뿐이다. 만약 누군가가 우리의 기준을 충족하리라 기대했는데 결과가 그렇지 못했다면 그만큼 실망감도 커지기 쉽다. 나는 상대를 섣불리 판단하거나 비난하기보다는 기준이 서로 다를 수 있다는 점을 받아들이고 대화로 풀어나가려 한다.

평소 사람들에게 타인이 요구하는 기준에 얽매이지 말라고 조언하지만 피할 수 없을 때도 있는 게 사실이다. 주로 피킹에 이런 경우가 만연하다. 특히 힘과 권력을 휘두르는 존재는 우리에게 기대를 투영하면서 자신들의 기준에 따라 움직이며 성과를 내도록 부담감을 준다. 하지만 그런 상황일수록 다른 사람이 부여한 기대를 내려놓고 자신만의 높은 기준에 따라 행동한다는 건 힘이 닿는 데까지 최선을 다해 임무를 완수한다는 의미다. 나는 스스로 세워둔 기준을 충족하기 위해 수년간 연습한 덕분에 다른 사람이 설정한 기대치보다 높은 성과를 거두는 경우가 많아졌다. 만약 우리가 세운 기준이 함께 일하는 사람들의 기대에 못 미치는 일이 지속적으로 반복된다면 대화를 통해 해결해야 한다. 자신과 상대방의 기준이 어디에서 어떻게 다른지 이해하기 위해 노력하면서 절충안을 도출해낼 필요가 있다.

증명하려는 마음은 내려놓아도 좋다

내가 가르친 학생들을 포함해 세상 모든 사람에게서 공통으로 나타나는 문제는 자꾸만 타인에게 무언가를 입증해 보이고 싶어한다는 것이다. 우리는 다른 사람에게 재미있고 영리한 사람으로 보이고 싶은 마음에 딱히 할 말이 없는데도 대화를 이어가려고 노력하다가 급기야 자신을 웃음거리로 만든다. 심지어 다른 사람에게 통찰력을 얻을 수 있는 상황에서도 누군가의 도움을 받아 업무를 처리하면 무능력한 사람으로 비칠까 봐 전전긍긍한다. 그러면서 혼자 꾸역꾸역 일하다가 불필요한 실수를 저지르고 만다. 타인에게 자신을 증명해 보이려는 어리석음은 다양한 모습으로 나타나지만, 어떤 형태든 목적의식을 뒤흔들어 마음의 평화와 몸의 균형, 영혼의 조화를 위태롭게 한다는 점에서 성장의 걸림돌로 작용한다. 다른 사람의 시선보다 자신이 세운 삶의 기준을 원동력으로 삼을 때 성장을 이루고 수준 높은 삶의 질을 달성할 가능성이 높아진다.

타인에게 보여주기 위한 행동은 진정한 본질을 담아내지 못한다. 피상적이기에 깊이도 없다. 삶의 질을 향상하려면 우리라는 존재를 구성하는 다양한 층과 깊이를 고루 보살펴야 한다. 피상적으로 행동한다는 건 자신을 이루는 마음, 몸, 영혼보다는 다른 사람의 눈에 보이는 겉모습만을 신경 쓴다는 의미다. 굳이 증명하려 애쓰지 않아도 내 역량 안에서 최고의 사람이 되면 있는 그대로 나를 보여줄 수 있다. 2부에서 이야기한 칼라디움과 콜로카시아 역시 서로의 모습을 본뜨려고 애쓰지 않는다. 그저 자신만의 속도와 방식으로 성장해나갈 뿐이다.

서두를 필요 없다

식물을 처음으로 키우는 사람들은 식물이 무럭무럭 성장하는 모습을 보고 싶은 마음에 무엇이든 다해줄 것처럼 열성을 기울인다. 좋은 의도였다 해도 지나친 열정은 식물에 해가 되는 법이다. 내가 이 책에서 고구마 덩굴 이야기를 자주 한 이유는 초보 정원사 시절에 했던 많은 실험이 이 식물과 연관되었기 때문이다. 식물이 무언가를 원할 때까지는 묵묵히 지켜볼 필요가 있다는 교훈도 그때 얻었다.

화원에서 고구마 덩굴을 구입했을 때, 뿌리가 성장할 공간을 확보하려면 더 큰 화분에 옮겨 심어야 한다는 이야기를 전문가에게 전해 들었다. 나는 조언을 그대로 따랐고, 고구마 덩굴은 2주에 걸쳐 왕성하게 자라났다. 그 모습을 보니 뿌리가 성장할 공간을 만들어주려면 분갈이를 또 해야겠다는 생각이 들어서 훨씬 커다란 화분에 다시 한 번 옮겨 심었다. 하지만 고구마 덩굴은 아직 대형 화분에서 자랄 준비가 되지 않았기에 성장이 정체되고 말았다.

이 경험은 성장의 추진력을 이어가려면 속도를 조절해야 한다는 교훈을 다시금 일깨워주었다. 새로운 취미, 습관, 일과를 삶속에 들일 때는 속도를 잠시 늦추고 서두를 필요가 없다는 마음을 되새겨야 한다. 씨앗이 하룻밤 사이에 나무로 성장할 수는 없다.

오늘 심은 씨앗이 과실수로 성장하려면 수년, 심지어 수십 년이 걸린다. 그래서 나는 자신의 능력과 책임을 고려해 새로운 취미, 습관, 일과를 현실적인 속도로 시작하라고 조언하고 싶다.

명상을 예로 들어보자. 명상은 마음의 평화를 얻을 수 있는 훌륭한 도구이기에 나도 몇 해에 걸쳐 꾸준히 실천해왔다. 숙련자는 수 시간 동안 명상을 이어갈 수 있지만 초보자의 지속 시간은 대개 몇 분에 그치는 경우가 많다. 반복적으로 수행하다 보면 지구력이 강해지고 끈기와 인내심이 생겨 지속 시간을 늘릴 수 있지만, 처음부터 한 시간을 목표로 명상을 이어가려 하면 득보다 실이 많을 수 있다. 부담감에 짓눌리거나 우왕좌왕하는 과정에서 두 번 다시 명상하지 않겠다는 마음이 생길지 모른다.

매일 정원을 볼 때면 할머니가 알려주신 지혜의 금언 한 구절이 식물을 통해 구현되고 있다는 생각이 든다. "중요한 일이든 사소한 일이든 마음을 다하렴. 그러지 않으려거든 애초에 손도 대어선 안 돼. 일단 일을 시작하면 끝맺을 때까지 정성을 쏟으려무나."

나는 할머니가 나눠주신 지혜에 마음 깊이 공감한다. 이 말을 실천에 옮기면서 깨달은 점은 내가 꾸준히 유지할 수 있는 속도로 일을 시작했을 때만 만족스러운 결과가 나온다는 것이다. 서두를 때는 꼭 문제가 생겼다. 작업물을 망가뜨리거나 실수를 저지르는 바람에 상황을 바로잡는 데 시간을 허비하기 일쑤였고 끝도 없는 좌절감에 빠진 적도 비일비재했다. 성장은 중대한 일이기에 인생을 살아가는 내내 마음을 쏟아야 결실을 볼 수 있다. 끝을 냇를 때까지 성장을 훌륭히 이뤄내고 싶다면 자신만의 속도를 지켜나가야 한다는 교훈을 기억하라.

나는 왜 앞으로 나아가는가?

내가 성장을 최우선하기로 마음먹은 이유는 단순하다. 그렇게 하지 않으면 주변 상황이 나를 끌어내리도록 두 손 놓고 체념하다가 움푹 꺼진 싱크홀처럼 내려앉는 수밖에 없었기 때문이다. 성장하기 위한 우리의 노력을 모든 사람이 응원해주진 않을 것이다. 삶의 질을 높이기 위해 희생해야 하는 것이 있을까 봐 두려워하는 사람도 있고, 보상이라는 대가가 없는 여정을 무가치하다고 느끼는 사람도 있다. 성장과 동떨어져 정체 상태에 빠진 사람이라면 성장을 추구하고 성취한다는 게 무엇을 의미하는지 좀처럼 이해하기 어려울 것이다.

성장을 향해 나아가는 여정에서 혼란을 겪거나 심지어 분개하는 사람을 위해 몇 가지 조언을 건네고 싶다. 첫째, 사람들이 해주는 이야기를 경청해야 한다. 우리는 다른 사람의 조언을 묵살

할 정도로 오만해서는 안 된다. 주변에서 얻은 정보는 의사 결정에 유용할 뿐 아니라 특히 우리에게 관심을 보이면서 도움을 주길 원하는 사람의 말이라면 한 마디도 놓치지 말고 귀를 기울여야 한다. 둘째, 어디에서 동기 부여를 받는지 스스로에게 질문하라. 지금 성장을 추구하는 이유는 보상 때문인가 아니면 좀 더 긍정적이고 생산적인 사람이 되기 위해서인가? 만약 자신이 가치 향상에 뿌리를 두고 있으며 삶의 질이나 공동체, 환경에 해를 끼치지 않는다면 담대하게 나아가도 된다.

성장을 향한 길은 스스로 개척하라. 그리고 나만의 정원을 조성하라. 함께하길 원하며 따르는 사람도 있을 테고 그렇지 않은 사람도 있을 것이다. 정원에서 외로움을 느낄 때도 있겠지만 내 경험으로는 해롭고 숨 막히는 공동체의 일원이 되느니 홀로 성장하는 편이 더 낫다. 마음이 힘들고 지칠 때마다 우리의 성장을 거름 삼아 새로운 성장의 기운이 움트고 자라날 수 있다는 교훈을 기억하라.

우리가 인생에게 해야 할 일

"우리는 생명체를 성장시킬 수 없지만 생명이 성장하고 싶은 환경을 일궈나갈 수는 있다"라고 말할 때마다 이렇게 반문하는 사람들이 있다 "생명체를 성장시키는 게 정원 일 아닌가요?" 나는 동의할 수 없다. 다른 정원사에게 질문해도 아마 똑같이 대답하리라 생각한다. 성장을 '밀어붙이는' 방식으로는 식물을 자라게 할 수 없다. 식물은 저마다 고유의 의지가 있고 필요도 제각각이다. 정원사는 식물을 보살피고 격려하면서 세심하게 관심을 기울이는 방식으로 성장을 '북돋우려' 노력한다. 우리도 자신을 그렇게 대해야 한다.

이 책에서 나눈 생각과 관찰, 도구, 이야기가 여러분의 삶의 질과 공동체, 환경을 더 좋은 방향으로 이끌어가는 데 도움이 되길 소망한다. 성장의 의미를 성찰한 사람은 나만이 아니다. 전 세계에서 마음, 몸, 영혼을 일구기 위해 어떤 방법을 실천하고 있는지 관심 있게 살펴보아라. 유용한 길잡이가 되어줄 수많은 자원을 활용하길 권한다. 선조들의 발자취와 경험에서 배움을 얻는 방법도 좋다. 가족, 친구, 이웃과 대화를 나누는 시간을 가져라. 만약 마음의 평화가 흔들리거나 몸의 균형이 무너지거나 영혼의 조화에서 멀어진 느낌이 든다면, 가던 길을 잠시 멈추고 차분히 심호흡하면서 손을 흙 속에 넣은 채 땅 위에 두 발을 단단히 디뎌라.

무엇보다 자연은 우리가 활용할 수 있는 풍부한 자원을 품고 있으며, 자연에 담긴 역사와 지혜는 유구한 세월만큼 무르익었다.

자연의 목소리와 직관에 귀를 기울여라. 아마도 새로운 영감이 떠오를 것이다.

선영화

서강대학교 영미어문학과를 졸업한 후 연세대학교에서 마케팅 석사학위를 받았으며 한국외국어대학교에서 영어번역학 박사학위를 취득했다. 국내 대기업에서 마케팅 업무를 담당했고, 현재는 대학에서 번역 이론 및 실무 분야를 강의하고 있다. 엮어출판 번역 과정 수료 후 비룩번역 소속 번역가로 활동 중이다.

느리지만 단단하게 자라는 식물처럼 삽니다

초판 발행 · 2023년 9월 13일

지은이 · 마커스 브릿지워터
옮긴이 · 선영화
발행인 · 이종원
발행처 · (주)도서출판 길벗
브랜드 · 더퀘스트
출판사 등록일 · 1990년 12월 24일
주소 · 서울시 마포구 월드컵로 10길 56(서교동)
대표전화 · 02)332–0931 | **팩스** · 02)323–0586
홈페이지 · www.gilbut.co.kr | **이메일** · gilbut@gilbut.co.kr
대량구매 및 납품 문의 · 02) 330–9708

기획 및 책임편집 · 안아람(an_an3165@gilbut.co.kr) | **편집** · 박윤조, 이민주 | **제작** · 이준호, 손일순, 이진혁
마케팅 · 한준희, 김선영, 이지현 | **영업관리** · 김명자, 심선숙 | **독자지원** · 윤정아

디자인 · 정현주 | **교정교열 및 전산편집** · 상상벼리 | **인쇄 및 제본** · 정민

ISBN 979-11-407-0621-1 03190

(길벗 도서번호 040218)

정가 17,200원

독자의 1초까지 아껴주는 정성 길벗출판사

(주)도서출판 길벗 | IT교육서, IT단행본, 경제경영서, 어학&실용서, 인문교양서, 자녀교육서 **www.gilbut.co.kr**
길벗스쿨 | 국어학습, 수학학습, 어린이교양, 주니어 어학학습, 학습단행본 **www.gilbutschool.co.kr**

페이스북 **www.facebook.com/thequestzigy**
네이버 포스트 **post.naver.com/thequestbook**